お金が貯まる家3.0

平松建築
代表取締役社長
平松明展

～住むだけで
2000万円貯まる
「住む得ハウス」～

カナリアコミュニケーションズ

まえがき

日本人は「ワラの家」に住んでいる!?

『三匹の子豚』の物語をご存じでしょうか?

これはイギリスの昔話です。

一番上のお兄さん子豚はワラの家を建てました。ところがオオカミの息で吹き飛ばされてしまいました。

二番目のお兄さん子豚はワラよりは丈夫な木の家を建てて住んでいました。ところが、これまたオオカミによって壊されてしまいました。

三番目の末っ子の子豚はレンガの家を建てて住んでいました。オオカミはこのレンガの家を吹き飛ばすことはできませんでした。末っ子の子豚は、煙突から入ってきたオオカミをかまどで煮立った大鍋の中に落として、やっつけることができました。

さて、このたとえ話は、何を意味しているのでしょうか?

それは、家づくりの進化です。

「家づくり1・0」がワラの家、「家づくり2・0」が木の家。

そして『お金が貯まる家3・0』こそ、私が提唱している住むだけでお金が貯まる『住む得ハウス』です。


本書のタイトルは『お金が貯まる家3・0』です。

3・0とは、進化の度合いを表す数字で、それ以前に1・0や2・0がありました。

昭和の大量生産・大量消費の時代につくられた家を、私は「家づくり1・0」と呼んでいます。

当時は今のような省エネの意識が高まっていませんでした。太陽光発電も普及していませんでした。壁の断熱性能も今とは比べられないくらい低いものでした。当時は高金利時代。家を買うと、住宅ローンを払うことによってお金がどんどん減っていく家でした。

次に、平成ごろに登場してきたのが「家づくり2・0」です。

環境保全や省エネ、エコといった意識の高まりを受けて、「スマートハウス」や「省エネ住宅」

「オール電化住宅」「パッシブデザイン」などが誕生しました。

現在の主流は、この2・0の家です。


そして、令和の時代に私が提案するのが『お金が貯まる家3・0』です。

もはや省エネは当たり前。3・0の家では、住んでいるだけでお金が貯まっていくのです。

2019年6月、金融庁の報告書に「老後は2000万円の蓄えが必要」と記されていることが判明して炎上し、当時の副総理兼金融担当相の麻生太郎《あそうたろう》氏が、火消しに追われました。

若い世代には、老後資金の不安を抱えている人が多いでしょう。

しかし、『お金が貯まる家3・0』を建てれば、トータルで数千万円お得。老後資金問題も一瞬で解決するのです。

孫の代まで幸せになる家づくり

しかも、この『お金が貯まる家3・0』には、ほかにもさまざまなメリットがあります。

1．子どもや孫の代になっても住むことができます

自分の代だけではなく、子どもたちに財産として残すことができます。価値が目減りしていく「消費の家」ではなく、価値を保ち続ける「資産の家」になるので、孫の代になっても価値が失われることがありません。

2．地震に強く、家族の命を守れます

『お金が貯まる家3・0』は構造計算がしっかりされているので、繰り返し地震が来てもつぶれません。100年間安心です。

3．住んでいる人の医療費が節約されます

健康に配慮した工夫もなされているので、予防医療にもつながります。

このように、いいことずくめの『お金が貯まる家3・0』が存在するのに、なぜ、ほとんどの人たちはこのことを知らないのでしょうか？

それは、5章で詳しく述べますが、住宅業界に問題があるからです。

建て主とその子どもが暮らす100年先まで考えるのか、それとも売り手の目先の利益を優先するのか。これによって家づくりはまるで違うものになります。

実は「家づくり2・0」と『お金が貯まる家3・0』を比べると、確かに後者のほうが初期コストは高くなります。しかし、その差はそれほど大きくありません。むしろ、40年、50年のスパンのトータルコストは3・0の家のほうが安上がりです。


両者の決定的な違いは、そこに住む人の将来の幸せと一体化させた家づくりかどうか。

これは、今までの家づくりには希薄だった発想です。

「家づくり2・0」は、ハウスメーカーの利益を最大化させるという考えのもとで建てられていましたが、『お金が貯まる家3・0』は、家づくりを持ち主の人生に当てはめ、その家で暮らす人たちのライフプランまで考えて設計しています。

家を建てることは、単に住む場所をつくるためではありません。

そこに住む人の人生を豊かにする手段です。

家の本質的価値は、家族のコミュニケーションがうまくいったり、災害が起きても命が守られたり、病気になりにくかったり、100年後も資産価値が残っていたりといったことです。

しかし、今の日本において、たった1%の人たちにしか、『お金が貯まる家3・0』の価値が知られていません。

もっと多くの人に、この『お金が貯まる家3・0』の価値を知ってもらいたい。

ぜひ本書で、新しい時代の新しい家のよさを知っていただき、「住んで得する家」=『住む得ハウス』を選んでいただきたいのです。

自分も、子どもたちも、さらには孫たちも幸せになれる――。

本書が、そんな家づくりの参考になればこれ以上の喜びはありません。

CONTENTS 『お金が貯まる家3・0』~住むだけで2000万円貯まる『住む得ハウス』~

第2章 『お金が貯まる家3・0』とは？

第3章　健康も手に入る『住む得ハウス』

第4章　8割の日本人は「ヤバい木造住宅」に住んでいる

第5章　よい建築会社を見抜く11の質問

第6章　幸せを生むワンストップの家づくり

第7章　幸せは住む家で決まる

第8章　いい家づくりが地域を、日本を豊かにしていく

第1章

9割の人は「お金が貯まらない家」に住んでいる

「家を持つ」ことのメリットとデメリット

家を持つべきかどうかは、永遠のテーマかもしれません。

ホリエモンこと堀江《ほりえ》貴文《たかふみ》氏は、マイホームは持つべきではないと主張しています。『金持ち父さん』シリーズで知られるロバート・キヨサキ氏や評論家の勝間《かつま》和代《かずよ》さんも、賃貸派を公言しています。

本当に家を持つべきではないのでしょうか？　私は、マイホーム反対派がいるのも仕方のないことだと思います。

というのも、世の中のほとんどの人たちは『お金が貯まる家3・0』の存在を知らないからです。コストパフォーマンスが高く、環境にもやさしく、健康になれて、長持ちするという例外的な家を知らないのです。ダメな家を買うくらいなら、賃貸暮らしのほうがいいと私も思います。

しかし、マイホーム反対派の人たちも『お金が貯まる家3・0』の存在を知れば、考えを変えるかもしれません。

子どもたちと楽しみながら生活ができて、趣味も満喫できて、資産形成ができて、健康になって、老後も安心できるなら、それが一番いいのではないでしょうか。これが現実となるのが『お金が貯まる家3・0』です。

『お金が貯まる家3・0』を知らずして賃貸住宅に住み続けるのはもったいない。長期的なコストを考えると、賃貸のほうが高くつくからです。買ったほうがはるかに安いのです。

とくに、若ければ若い人ほど、建てた家に住む期間が長くなります。その分、1年あたりのコストが安くなるのです。年齢が上がるほど、家を建てるメリットが薄れていきます。建てるのが早ければ早いほど、賃貸よりも得になるのです。

転勤の可能性があるなら、簡単には家を建てられないかもしれませんが、引っ越しをあまりしないと想定されるなら、若いうちに建てておいて、大事に住み続けるのがベストです。

ほかにも家を持つメリットはあります。

たとえば住環境の豊かさです。

家族構成や趣味、ライフスタイルなどに合った家を建てれば、生活そのものが豊かになります。

あるいは投資効果です。

これから人口が減少していっても、人口が密集している都市部の不動産は値下がりしにくい。一方で、人口が少ない郊外のインフラは見捨てられていく可能性が高い。

将来にわたって転売できる都市部の土地を買って、なおかつ長持ちする家を建てたらどうなるでしょうか。

ローンを払い終える35年後、税法上の固定資産の評価額は2割くらいになってしまいますが、市場価値はそこまで下がりません。35年経っても高く売れます。これからインフレが起きれば、5000万円で買った家を5000万円で売れるかもしれません。そうなれば元を取るどころの話ではありません。

ただ、すぐにダメになる安い家を買ってしまうと、35年後も価値が残っている可能性はほぼゼロ。将来の転売を考えても、3・0の家は圧倒的に有利なのです。

もちろん、メリットの裏にはデメリットもあります。

家を買うデメリットは、資産のバランスが悪くなってしまうこと。資産に占める不動産の割合が高くなりすぎてしまいます。

たとえば、高すぎる土地に家を建てると、35年後に価値は残るかもしれませんが、ローン返済の負担が大きすぎて、手元にキャッシュが残らなくなってしまいかねません。手元のキャッシュが減りすぎると、運用で本来得られたかもしれない利益を失ってしまいます。

たとえば東京の都心部の土地は、一部の富裕層以外、多くの人にとっては値段が高すぎます。

ですから家づくりは、建物だけでなく、土地も含めて考えるべきです。

理想は、将来転売できる土地に、いい建物を建てて、なおかつキャッシュフローが悪くならないようにすること。太陽光発電システムを設置して売電収入を得たり、耐久性のある材料を使ったりすれば、賃貸暮らしと変わらないくらいのキャッシュフローを生み出せます。

そんな家を建てるのが理想的です。

『住む得ハウス』と賃貸暮らしのシミュレーション

3・0の家を建てた場合と、賃貸暮らしを続けた場合、どれくらい使うお金が違うのでしょうか？

まず、約4000万円のいい家を建てたとします。ローンの返済が月約11万円です。

片やアパートは家賃9万円と設定します。

すると、38年後くらいに負担が同額になり、それより長く住むと家を建てたほうが安くなります。

ローンを返し終えた35年後は、まだアパートのほうが400万円くらい安いですが、70年後を見ると、光熱費、メンテナンスコストなども含めると、マイホームが総額7800万円、アパートが総額1億1900万円となり、4100万円もマイホームのほうがお得になります。

しかも、70年後も価値が残っていれば、子どもたちに受け継いでもらうこともできるかもしれませんし、転売することもできます。

人生100年時代を考えると、単純にお金だけ考えても家を建てたほうがお得です。ただし、長持ちするいい家を建てるという前提ですが。

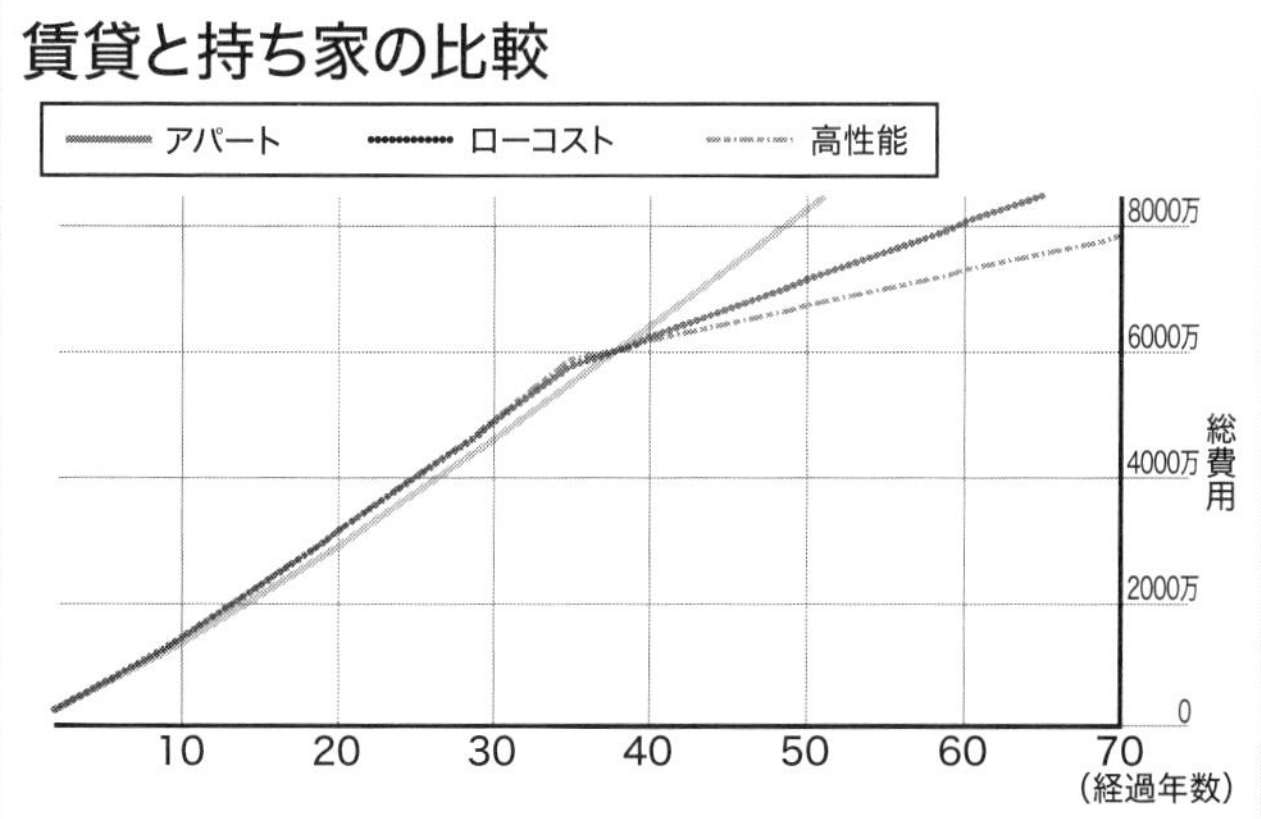

知っておきたい家づくりの歴史

古民家を再利用した飲食店を訪れたことがあるでしょうか。もしあるなら、どんなつくりだったか思い出してみてください。きっと、太い柱に支えられていたはずです。日本の古い建物は、今の住宅とは比べものにならないくらい太い柱を使っています。

私は20代の約10年間、大工として解体・修繕を数多く経験しました。築１００年の家も見てきました。明治時代くらいに建てられて、今でも残っている家は構造がしっかりしています。地震が来ても台風が来てもつぶれなかったのは、それだけ頑丈にできているからです。古い神社仏閣もつくりがしっかりしています。

地域によって異なりますが、日本の家屋は、夏の高温多湿な気候をしのぐことに主眼を置いていて、冬の寒さに弱いつくりになっていました。古民家は構造は丈夫ですが、冬、寒いのはこのためです。

日本の家屋の構造が危うくなったのが、高度経済成長期です。私が見る限り、1970~80年代ごろに建てられた家は粗悪なものが多い。

日本は戦後の焼け野原から立ち上がり、ベビーブームで人口が急増しました。大量の住まいが必要になったのです。

家が圧倒的に足りないのに、「きちんとした性能のものを建てるので1年待ってください」というわけにはいきません。とにかく風雨をしのげればいいということで、量産型住宅が次々と建てられていきました。当時はそれが正義だったのです。ハウスメーカーが台頭してきたのはちょうどこのころです。

これが1・0の家です。町を歩けば、1・0の家がまだ大量に残っています。


平成に入ると、バブル経済が崩壊して大量生産の時代は終わりました。

省エネや断熱性、パッシブデザインなどを取り入れた「家づくり2・0」に進化したのです。

高度成長期に比べれば質の高い家になりましたが、それでも、長期的な耐久性のことまで考えていません。震度7クラスの地震が来ると、平成に建てられた家でも倒壊するケースがあとを絶ちません。

今の日本では「家づくり1・0」と「家づくり2・0」の家が9割以上を占めます。この現実を前にして「地震が来たら逃げて！」と言うしかありません。地震に対して、確実に大丈夫と言い切れない家ばかりと言ってもいいでしょう。

そしていよいよ令和になって、耐久性や耐震性、断熱性などが優れているだけでなく、資産価値が高く、太陽光発電などによってお金をも生み出す『お金が貯まる家3・0』の時代になりました。

日本はこれから人口が減っていくというのに、ムダなことをやっているわけにはいきません。まだ人口が多いうちに100年持つ家を建てておけば、私たちの子ども、そして孫の代までは少なくとも住まいで困ることはありません。

エネルギーを海外から買うとお金が流出してしまいますが、家でエネルギーを生み出せたら日本社会の豊かさにもつながるのではないでしょうか。

すでに家が余っている時代に突入しました。空き家問題が深刻化しています。もう質の悪い家を建てている場合ではありません。

日本の未来を考えても1・0、2・0の家づくりから脱却しなければならないのです。

あなたの実家、大丈夫？

本書をまとめるにあたって、改めて日本の住まいをチェックするためにグーグルマップの３Ｄ航空画像を眺めていて、がく然としました。あまりにも危ない家が多いからです。

日本の住宅の最大のリスクは耐震性の低さ。構造上、問題がありそうな家がそこら中にあります。

次に大きなリスクは結露。夏は高温多湿になる日本の家は、壁の中に湿気がたまって内部結露するリスクが高い。

結露すると、カビが生えたり、腐朽菌《ふきゅうきん》が出て柱が腐ったりしてきます。すると、建てたときは耐震性能が高くても、柱が劣化してその性能が出なくなってしまいます。

高気密高断熱住宅が流行り始めたころの「なんちゃって高気密住宅」が非常に危ない。

耐震性を維持するためにも、結露や湿気の対策をどうするかが問われますが、「これで絶対大丈夫だよね」というレベルの家はほとんどありません。

ほかにも、窓がムダな位置にある家も目立ちます。たとえば西側にムダな窓が多い。地域によってデザインの仕方が変わりますが、夏場に日射量が多い地域なら、東と西の窓を少なくしたほうがいいのです。室内に熱がこもってしまうからです。

家づくりのプロを自任している人は数多くいます。しかし、本当に質の高い家がどういうものかを知る人がどれだけいるでしょうか。私自身、家づくりの答えが出ているかといえば、まだ学んでいる途中です。

ましてや、一般の人がダメな家を見分けるのは至難の業です。

ただ、明らかにダメな家なら簡単に見分けられます。次に挙げるものがすべてではありませんが、目安にはなるので参考にしてみてください。

ダメな家を見分ける5つのポイント

1. 形状がやたらに複雑な家

外観がカクカクしている家、ありませんか？　形が複雑だと、構造上、上部の力が下部にうまく伝わらなかったり、断熱性を高めにくかったりします。デザイン性を売りにしている設計士や腕に自信のある大工は凝ったデザインの家をつくりたがりますが、あれはダメな可能性大です。

2. 平屋に2階を増築した家

たとえば、平屋に2階を増築する工事がありますが、それは構造計算上NGです。平屋は2階を載せることを前提にした設計になっていません。重い2階を載せたら重量オーバーになってしまうからです。

きちんと構造計算して2階をあと載せしているなら問題ありませんが、そうでないなら大地震が来たら倒壊するおそれがあります。

3. 太陽光パネルのあと載せ

木造住宅に太陽光パネルを載せるなら、その重さを織り込んだ構造にしなければなりません。ところが、木造住宅に太陽光パネルをあと載せしているケースがたくさんあります。これは、2階の増築と同様、危険です。

ほとんどの場合、構造計算せずに載せています。構造計算しているのは、たぶん20棟に1棟くらいでしょう。あと載せでも、太陽光パネルを載せる想定で重い屋根として構造計算しているなら問題ありませんが、そうでなければ危ない。太陽光パネルを売る会社は家の構造について何も知らないケースがほとんど。必ず家を建てた会社に相談してみてください。

4. 横張りサイディング

今、住まいの外壁の主流はサイディングと呼ばれる材料です。簡単にいうと、ボードを外壁に張り付けていくものです。

このサイディングは縦張りと横張りの2つの施工方法があります。

このうち横張りはダメ。横張りのほうが施工は簡単ですが、漏水しやすいのです。設置したあとのメンテナンス費用がとてもかかります。

5. 外壁の材質が複数の家

外壁の色が2色になっている家があります。同じ素材の色違いならいいのですが、違う素材のケースも。そうなると、耐久性が異なります。たとえば白い部分は10年、ブラウンの部分は20年それぞれ持つとすると、10年後に再塗装するとき、「せっかく足場をかけるので、どちらも塗装しましょう」という話になります。デザイン性も大事ですが、将来のメンテナンスのことも想定することが大切です。

なぜ、サザエさんの家はお金が貯まらないのか？

あなたも『サザエさん』をご覧になったことがあるはずです。

サザエさんはよく「うちは貧乏だから」とこぼしています。なぜ、サザエさんの家は、お金が貯まらないのでしょうか？

その原因は家にある、と私は考えています。

東京・世田谷区の桜新町にある「長谷川町子美術館」。そこには、サザエさんが住んでいた家の模型が展示されています。

サザエさんの家には、明らかにいくつかの構造的な欠陥があります。

まず考えられるのは、家が古くて部屋数が多いこと。これでは冷暖房の効率が悪く、光熱費がかかってしまいます。おそらく、夏はエアコンを使っていると思いますが、家の建て付けが悪いので、いくらエアコンをかけても部屋が冷えないのです。冬もすき間風が入ってくるので、いくら暖房をかけてもあたたまらないはずです。

これでは電気代がダダ漏れしているような状態です。トイレやお風呂にも暖房がないので、波平さんとフネさんのヒートショックによる脳梗塞や脳出血が心配です。

さらに建坪の広い平屋のため、日が当たるのは南側の一部だけで、北側や西側はいつも暗く、電気がついています。

それに、部屋数が多いだけでなく、リビングがありません。家族がそれぞれの部屋で電化製品を利用しているので、私は電気代が家計を非常に圧迫していると思っています。

また、雨のときは高確率で雨漏りするでしょう。屋根と壁との接合部分である「雨仕舞《あまじまい》」の処理が甘いからです。

さらに、構造の重要性を認識している人なら一目瞭然ですが、サザエさんの家は地震が来たら一発で倒壊します。

壁の量が圧倒的に少なく、屋根が重たい瓦になっているので、現代の建築基準に当てはめると「殺人的に危ない家」です。

私は地震で大きな揺れがあると、「サザエさんの家は大丈夫か？」と心配になります。ちなみに、サザエさんの家の天井に太陽光パネルを取り付けたら大惨事になるのは明白です。しかし、それでも倒壊しそうなサザエさんのような家に「太陽光パネルを取り付けましょう」と飛び込み営業をかける業者がいるから困ったものです。

ここでタネ明かしをすると、実は、サザエさんの家に住んでいるのは、サザエさんだけではありません。日本人の8割がサザエさんと同じような家に住んでいるのです。

私がサザエさんにおすすめしたいのは、安全で快適な家に建て替えることです。

私なら、波平さんとマスオさんの2人の大黒柱がいることを考慮したマネープランをベースに、家族7人とタマの全員が満足して住むことができて、しかも節約もできる家を提案することが可能です。

両親の意見を聞くと失敗する3つの理由

若い夫婦が家を建てるとなると、まず誰に相談するでしょうか？　ほとんどの建て主は両親に相談するはずです。両親はわが子のために、いろいろアドバイスすることでしょう。

しかし、ここに大きな落とし穴が3つあります。

ひとつは、両親がそもそも家づくりの正解を知らないこと。

本人は気づいていないかもしれませんが、親世代の多くは家づくりに失敗しています。

30年前、40年前という時代背景を考えれば仕方のないことですが、寒くて暑い質の悪い家を建てた両親がほとんどです。

失敗している人に聞いても、失敗するだけです。

そもそも両親は家のプロではありません。

両親は「子どものためになんとかしたい」と思って善意で意見を言ってくれます。しかし、考えてみてください。子どもから「会社を辞めて独立起業する」と打ち明けられて、賛成する両親がどれくらいいるでしょうか？　たいていは反対します。両親は起業したことがないからです。

両親に聞くというのは、相手を間違えています。誰がベストか、家づくりについて聞く相手を考えましょう。

2つ目は、金利の違いです。

親世代が家を建てたときの金利は3〜4％が当たり前でした。ザックリ言うと、3000万円借りたら、返す額は2倍の6000万円。「借りたら負け」の時代だったのです。ですから、歯を食いしばってできるだけ頭金を貯めて、借りる額を減らして、金利負担を減らすのがかつては正解でした。

私は、太陽光発電による売電収入やメンテナンス費用の抑制などを通して経済的な家を提案していますが、それは今、この時代だからできること。昭和の時代ならお金が貯まる家をつくったところで、金利ですべて吸い取られてしまいます。金利が1％の時代と4％の時代では、家づくりの資金計画がまるで違うのです。

昭和の時代は、お金をかけていい家を建てると、それだけローン返済の負担がかさみました。安い家を建てざるをえなかったのです。

ところが今はいい家を建てたほうが長期的に見ると安くなります。金利が低いからです。

こんなことは、過去にはありませんでした。

単純に計算してみましょう。

４０００万円を35年ローンで借りるとします。

金利が１％なら、利息は７４２万３０００円で、返済総額は４７００万円です。月11万２９００円の返済です。

金利を４％に設定するとどうなるでしょうか。

35年間で、利息が３４００万円で、返済総額は７４００万円くらいです。これだと月17万７１００円の返済です。「借りたら負け」とはこういうことです。

しかし、今は違います。今はいい家を超低金利で建てられます。

太陽光発電や高断熱、パッシブデザインといった技術も進化しています。

30年前、40年前と比べると、いい家を返済の負担が少なく建てられるのです。

３つ目が住む期間です。

これも金利が影響してきますが、頭金を貯めてから家を建てるのが一般的だった当時、結婚したてで貯金がないのに家を建てようとすると、親に「何をバカなことを言っているんだ！」と怒られたものです。

しかし今は違います。金利が低いことに加えて、住宅ローン控除を受けられます。年収にもよりますが、10年間の金利負担は、かなり少ないのです。

ということは、今は若いうちに建てたほうがむしろ有利なのです。

それに、これからは人生１００年時代。25歳で家を建てたとすると、35年ローンを返し終わってもまだ60歳。その後、ローンなしのバラ色生活を40年も満喫できるのです。トータルで住む期間は75年間にもなります。

一方で、かつてのように人生80年時代にお金を貯めて40歳で家を建てた場合、住む期間は40年。住む期間が２倍近くに長くなっているのです。それだけ今の家は耐久性が求められます。

かつては、子どものためを思って「ローンをなるべくラクにしたほうがいいので、安く建てなさい」というのが正解でした。しかし今は、安く建てることが、ゆくゆくは子どもを苦しめることになるのです。老後が貧しくなってしまうからです。

今は、長く住める家を若いうちに建てたほうがお得で安全なのです。

坪単価のウソ・ホント

家づくりにあたって、自分が気になるビルダーが高いのか安いのか、どうしても気になるでしょう。

家づくりの価格を比較するとき、「坪単価」という言葉をよく耳にします。

坪単価とは、建築費を延べ床面積で割った額。つまり、1坪当たりの費用を指します。

しかし、私は自分から坪単価がいくらだとはお客さんに説明しません。お客さんから聞かれたら答えますが、渋々です。

なぜなら、坪単価はほとんど目安にならないからです。

その最大の理由は、坪単価には業界ルールがないから。どの費用まで含めるかによって、坪単価は変わってしまいます。

ひどい会社だと、オプションを付けるのが前提なのに、坪単価には含めず、あとから当然のように追加します。もちろん家づくりの途中で追加費用が必要になることはあります。しかし、最初から明らかにかかるとわかっている費用をあと出しで加えるケースもあるわけです。

家を建てるときは、建築費以外にもいろいろかかります。

地盤改良や表題登記、保存登記、抵当権設定、融資手数料、火災保険、つなぎ融資手数料、さらには外構工事やエアコン、カーテンなど……。

ちなみにつなぎ融資とは、たとえば4000万円の家を建てるとき、4000万円借りるとなると、家が完成して引き渡しの直前に4000万円が振り込まれます。その手前の着工金や上棟金という中間金を支払うのはどうすればいいかというと、手持ち資金で出すか、つなぎ融資で借りるかです。民間銀行は住宅ローンとつなぎ融資がセットになっています。このつなぎ融資の手数料がかかるわけです。

坪単価は内訳を詳細に見ないと比較できませんが、そこまですべてをつまびらかにしている住宅会社は少ないでしょう。

たとえば、延べ床面積35坪で建築費３３６５万円なら、坪単価は96万円。ここから地盤改良や照明の費用を抜けば92万２０００円、太陽光発電システムもはずすと86万円、断熱のグレードをダウンさせると80万円といった具合。さらに長期優良住宅の申請をやめたり、耐震性能を下げたり、断熱性能を落としたりすれば、どんどん坪単価は下がります。坪単価40万円というのは、こうしたものをそぎ落とした家です。

坪単価40万円で３・０の家は建てられません。

坪単価40万円の家は一見安くてお得そうです。ところが、地震で倒壊するリスクが高かったり、光熱費がべらぼうに高かったり、すぐにガタがきてメンテナンスにお金がかかったりするので、結果的には高くつきます。安物買いの銭失いです。

まったく同じクオリティの家を建てるときに坪単価を比較するなら意味があるでしょう。しかし、そうでなければ、ほとんど意味がありません。

住む家があなたの未来を決める

そうは言っても、家を買うとなると、どうしても価格に目が行ってしまいます。2000万円の家と3000万円の家なら、3000万円のほうが高いと考えるわけです。

確かに、初期費用（イニシャルコスト）だけを見れば、3000万円の家のほうが1000万円も高い。

しかし、家にかかるのは初期費用だけではありません。光熱費というランニングコストが加わります。太陽光発電によって売電収入があれば家計は大助かりです。外壁の塗装などメンテナンス費用もかかります。家によって建て替えの時期も大きく異なります。

42ページの表を見てください。3・0の家とほどほどの家（表では「ほどほどハウス」）、ローコスト住宅、生涯アパートの生涯住居コストを比較してみました。

すると、一番高いのは意外にもローコスト住宅です。断熱性能の悪さなどから光熱費が高く、安普請なのでメンテナンスコストもかさむからです。太陽光発電による売電収入もありません。建て替え時期も早いでしょう。もしも大地震が来て倒壊しなければラッキーです。

これに対して、3・0の家は、初期費用は高いですが、生涯コストは安くつきます。金銭的に考えても、3・0の家を建てたほうがお得なのです。

しかも、3・0の家は結露せず、カビが生えません。断熱性能がいいので、夏は涼しく冬はあたたか。しかも壁に通気性を持たせたWB工法というものを採用しているので、においもしません。

つまり、3・0の家なら長く快適に快適に暮らせるのです。健康を害することもありません。

3・0の家を選ぶかどうかで、あなたの未来の人生が大きく左右されるのです。

生涯住居コスト比較

		3・0の家	ほどほどハウス	ローコスト住宅	生涯アパート
工事資金	建物金額	24,560,000	23,040,000	14,490,000	0
	土地金額	17,110,000	17,110,000	17,110,000	0
	その他諸経費	10,080,000	8,250,000	8,210,000	0
	工事資金合計	51,750,000	48,400,000	39,810,000	0
借入関連	自己資金	0	0	0	0
	贈与＋補助金	0	0	0	0
	銀行借入	51,750,000	48,400,000	39,810,000	0
	金利	1.00%	1.00%	1.25%	0
	返済年数	35	35	35	0
	ローン月々返済額	フラット35SA	フラット35SA	フラット35	0
生涯住居コスト検討項目	総返済額	62,680,000	58,620,000	49,170,000	0
	売電収入	-4,590,000	0	0	0
	アパートの家賃				79,170,000
	性能向上光熱費削減	-12,830,000	-10,310,000	0	0
	メンテナンス費用	10,530,000	10,530,000	20,410,000	0
	保険コスト	4,830,000	4,830,000	6,700,000	350,000
	30年後建替修繕費用	0	10,000,000	20,000,000	0
	土地資産	-15,000,000	-15,000,000	-15,000,000	0
	固定資産税	7,200,000	7,200,000	7,200,000	0
	生涯住居コスト合計	52,820,000	65,870,000	88,480,000	79,520,000
毎月の実質負担額		**¥62,881**	**¥78,417**	**¥105,333**	**¥94,667**
3・0の家との差額		¥0	¥15,536	¥42,452	¥31,786

なぜ一流の人は住む家にこだわるのか？

私は子どものころ、外で泥んこになりながら遊んだものです。鬼ごっこしたり、缶蹴りしたり、昆虫やザリガニを採ったり、毎日日が暮れるまで遊んでいました。

私は3兄弟の末っ子だったので、小学校の低学年のころは高学年のお兄ちゃんたちとよく遊びました。けんかしたり、川に落っこちたりして、けがをして帰ってくるのも珍しくありませんでした。

そうした実体験を通して、「あの小川は入っても安全」「あの川に入ると溺れるから危険」「けんかしてもここまでなら大丈夫」といったことがわかってくるのです。

自分で言うのもなんですが、私は勘がいいほうだと思っています。たとえば建材の新商品の性能をパンフレットで見ても、「これ、そこまでの性能が出ないんじゃないの？」と勘づくことがあるのです。実際に試してみなければ気がすまない私は、実験することがあります。自分が納得できないものをお客さんに提供できないからです。すると、やはりメーカーが言う性能が出ないことがあるのです。「本当かな?」「あれ、偽物じゃない?」と勘づくのは、子どものときに養った感性があるからだと思います。

フローリングに似せたビニール床。壁「紙」といいながら、紙ではなく化学物質でできたビニールクロス。肉かと思いきや、混ぜ物が入っている成型肉。日本では、食品偽装問題やメーカーのデータ改ざん問題もあとを絶ちません。改めて考えてみると、私たちの身のまわりは偽物ばかりです。

本物を知らずに育った子どもたちは、偽物を本物と思い込んでしまわないでしょうか。これでは本物と偽物の違いを見抜く力が育まれるはずはありません。

小さいときから、本物に触れることが大事だと私は思います。

一流の人は、自分の家や部屋にこだわるといわれています。

自分自身の趣味や過ごしやすさを大切にしているからでしょう。しかし、それだけではないと思います。子どもには本物に囲まれて育ち、本物を見極める目を養ってほしいと願っているからではないでしょうか。

私が一流の人の住まいで思い浮かべるのは、船井総合研究所の創業者である故・船井幸雄《ふないゆきお》さんです。船井さんは晩年、熱海に居を構えました。今は記念館として公開されていますが、豪邸というよりは、山の中の質素な桐の家です。船井さんは次のように語ったそうです。

「自然に勝るものはない。そして、人間もまた自然の一部なのだから、自然の摂理にしたがって生きるのがよい」

第3章で詳しく触れますが、古代ギリシャの医師ヒポクラテスは「人間は、自然から遠ざかるほど病気に近づく」という言葉を残しました。

2000年以上の時を超えて、同じようなことを語っていることに驚かされます。

脱・消費の家づくり

私はドイツに家づくりの研修に行ったことがあります。

大前提として、ドイツの家づくりは日本より比較的カンタンです。地震がなく、湿度も日本ほど高くないからです。ドイツでは耐震性を気にしなくていい。予算を耐震に振り分けなくていい。ドイツでは、レンガ積みの5階建ての家を平気で建てています。私は「日本なら地震が来たら一発で終わるな」とドキドキしてしまいますが、ドイツでは平気です。イギリスでも、100年持っている家が石積みだったりします。これも日本ではムリです。

こうした違いがあるにしても、そもそも日本とヨーロッパでは、家づくりに対する考え方が根本的に異なります。

消費が身に染みついている日本では、安さを売りにしたローコスト住宅が大量に建てられています。安い家をつくって、ローンをすべて払い終わったと同時に価値がゼロになってしまう。日本ではそうした家を大量生産しています。

しかし、欧米の先進国ではそんな家はほとんどつくっていません。そもそも、ドイツでは安い家を建てるという概念がないそうです。「家を建てるなら1億円から」というくらいに予算をかけて長持ちする家を建てるのが常識だそうです。

中古住宅でも、5000〜6000万円が当たり前。中古になっても価値があまり下がらない質の高い家だからです。

片や日本の中古住宅は価値が失われる家ばかりです。

ヨーロッパでは、家は消費するものではなく、資産として構築するものだととらえられているのです。

日本も、家を消費するのはもう終わりにしたほうがいいと思います。長く使えて価値が下がりにくい資産へと家のとらえ方を転換すべきです。

資産というと、貯金の額だけを思い浮かべがちですが、それだけではありません。

3・0の家を建てた場合、3・0年後に現金が1000万円しかなくても、見えないところで不動産の価値が4000万円残っていれば、総額5000万円の資産です。

一方、安い家を建てた場合、貯金が2000万円残っていても、家がボロボロで価値が1000万円しか残っていないとすれば、両方足しても3000万円です。

安い家を建てたほうが得なように感じますが、長期的には大損している可能性があるのです。

使い捨てではなく、構築しながら貯めていく。

今、脱・消費の家づくりが求められているのです。

第2章

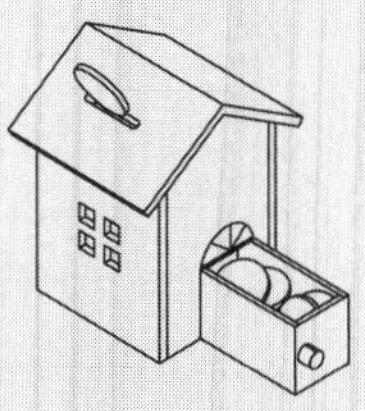

『お金が貯まる家3・0』とは？

もしも家が貯金箱だったら？

「あなたの家が貯金箱になる」

そう聞いても、にわかには信じられないかもしれません。しかし、これは本当の話です。

お金を貯めようと思ったら、やり方は2つしかありません。収入を増やすか、支出を減らすか、どちらかです。

家づくりで貯金を増やす仕組みを簡単につくれます。

それは太陽光発電システムの導入です。

太陽光発電による売電収入が月2万円あれば、収入が月2万円増えます。

夏涼しくて冬あたたかい3・0の家なら、家族4人で光熱費を月8000〜1万円くらいに抑えることが可能。4人家族は一般的に月2万円くらいなので、高めに見積もって月1万円だとすれば、一般的な家よりも月1万円の節約です。ということは、貯金が1万円増えることになります。

太陽光発電は設置費用によりますが、私の地元静岡なら8年ほどで投資回収できます。それ以降はお金が貯まっていくのです。


貯金箱の仕組みは太陽光発電だけではありません。

家というと、ほとんどの人は初期費用しか思い浮かべませんが、メンテナンス費や建て替え費など、トータルで考えなければなりません。

3・0の家は構造や湿気対策が万全なので、ローコスト住宅だと月2万円相当のメンテナンス費用がかかりますが、それが月1万円になれば、1万円の節約です。

太陽光発電と省エネ、メンテナンス費を合わせて、月々4万円のプラスになるのです。

つまり3・0の家は住むだけで月4万円貯金しているようなものなのです。

返済額が月4万円のローンを考えると、借入可能額は1400万円に上ります。ということは、家を建てるときに1400万円プラスして質の高い家を建てても、ローン返済額はほとんど変わりません。それでいて、住み心地は段違い。50年後の価値もまるで違います。

そもそも、3・0の家を建てるのに、ローコスト住宅よりも1400万円もプラスになりません。

しかもこれからは人生１００年時代。30歳で家を建てるとすると、残り70年。この先70年のメンテナンス費の削減効果を考えると、３・０の家の貯金効果はさらに高まります。


もうひとつ、お金が貯まる仕組みがあります。

「土地」です。

親から受け継いだ土地がある場合は別ですが、家を建てるときは土地を買います。住宅ローンは、土地と建物の両方に払っているわけです。

30年後、40年後になって、誰も欲しがらない土地では、価値がなくなります。

一方で、駅チカなどのみんなが欲しがる土地を買っておけば、価値が下がりにくい。いずれ売ろうとしたとき、買ったときとそれほど変わらない価格で売れる可能性が高い。

価値が下がりにくい土地ならば、土地にお金を貯めていくようなものです。

たとえば、２０００万円で買った土地を、40年後も同じ２０００万円で売れたとします。ということは、ローンで払っていた土地代の分は、そのままそっくり貯金していたようなものです。何かを購入するときは、土地に限らず転売価値を考えることが大事です。

子ブタの貯金箱は、外から中に10円玉や100円玉をチャリンチャリンと入れていくものですが、3・0の家は貯金箱の中でお金がチャリンチャリンと増えていくのです。

つまり、これが家が貯金箱になる『住む得ハウス』ということなのです。

価値が下がりにくい土地とは？

どんな土地が、価値が下がりにくいのでしょうか？

人口減少時代に突入した日本では、土地の買い手が減っていくことから、価格が下落していくと考えられています。

それでも価値が下がりにくいのは、人口がそれほど減らないエリア、都市部の利便性のいいエリアだといわれています。

ところが、有識者らによる日本創成会議が2014年、東京の大都会に位置する豊島区を「消滅可能性都市」に指定しました。都内ですら人口減少によって消滅の可能性があるというのです。

それでは、どうやって価値が下がりにくい土地を見つければいいのでしょうか。参考になるのが、国土交通省が進めている「立地適正化計画」。人口減少に対応すべく、コンパクトなまちづくりを進めていこうというものです。これに基づいて、すでに339都市が立地適正化計画を作成・公表しています（2020年7月31日時点）。

これを見ると、自分が家を建てようと思っているエリアの未来図がある程度はイメージできるはずです。ただ、将来の土地の値段を保証するものではないことには気をつけてください。

イニシャルコストではなく、トータルコストで考える

建物の場合、今の日本の税制では、20年後には固定資産の評価額が20％くらい残ります。しかし、不動産市場を見ると、築20～30年の中古住宅は、ほぼ価値ゼロのような評価です。

2000万円で建てたローコスト住宅は、たぶん40年後にはボロボロで価値ゼロになっています。固定資産税の評価額が20％残っていても、市場価値はゼロです。人が住める状態ではありません。すき間風で寒くて、地震が来たら一発でつぶれそうな家を誰が買うでしょうか。

一方で、30年後、40年後も、まだまだ丈夫であったかい。ちょっと床を修繕してクロスを張り替えたら、ほぼ新品のようになる家の価格がゼロになるでしょうか。価格をそれほど下げなくても買い手がつくと思います。

家を建てるとき、どうしても初期費用だけで考えてしまいがちです。「いくらのローンを組むか?」ということばかり気になるでしょう。

しかし、マイホームは買って終わりではありません。むしろ、買ってからが始まりです。毎月払うのはローンの返済だけではありません。

光熱費もかかります。住まいには、外壁の塗装や設備の入れ替え、部品交換といったメンテナンスが必要です。家のクオリティによって、こうしたコストは大きく異なります。

さらに太陽光発電システムを設置するかどうかも分かれ目。自宅の電気をまかなったうえで、売電収入があれば家計は大助かりです。

お金を生み出す工夫をしておけば、長い目で見れば家計にとってずいぶんお得ですし、家を建てるだけで、自分たちだけでなく、子どもたちの将来にもプラスに働きます。

さらに、万が一、30年後に売ることになったとき、3・0の家なら高く売れますが、安普請ではタダ同然です。

大事なのは、初期費用だけでなく、ランニングコストや転売価値を含めた「トータルコスト」で考えることです。

キャッシュフローがいい家

ただし、土地や建物が貯金箱になるといっても、不動産がライフプランのすべてではありません。

建物・土地の価値ばかり重視しすぎると、家づくりに失敗します。

というのも、土地と建物は額が大きいため、資産運用の観点からすると資産のバランスが悪すぎるからです。

価値の下がりにくい土地に長持ちする家を建てて、ローンを返し終わったときに4000万円の価値があるとします。そのとき、現金や金融資産も4000万円あるという人は少ないでしょう。

ほとんどの人は資産の半分以上を不動産が占めることになっているはずです。

もし、土地や建物を買わずに4000万円のお金を金融資産として株や投資信託で運用していれば、もっと大きな額になっている可能性があるわけです。資産構築の観点からすると、家づくりがベストとは限りません。

貯金箱になる家だからといって家づくりにお金をかけすぎると、金融資産が増えずに資産形成に失敗するおそれがあるのです。


一番の理想は、資産価値が下がらない土地を買って、長持ちする建物を建てつつ、貯金が増えやすいようなキャッシュフローを生む家です。

いい家ほどローンの返済額が高くなって不利ですが、メンテナンス費や光熱費、太陽光発電をひっくるめたときにローコスト住宅と比べて収支がプラスに転じるくらいのキャッシュフローにするのがベストです。

難しそうですが、ライフプランをきちんとつくって家づくりをすれば不可能ではありません。現に、私は自分で『住む得ハウス』に住んでいますが、預貯金が目減りせずにすんでいます。

太陽光発電で年間発電量10kW×1300kWh

先ほど、太陽光発電が家の貯金箱化の主力の仕組みのひとつであることに触れました。ここで少し詳しく見てみましょう。

それでは太陽光発電システムを設置すると、どれくらいのお金を生むのでしょうか。夫婦と子ども2人という標準的な4人家族で考えてみましょう。子どもは4歳と1歳、家の建坪は35坪（115㎡）と仮定します。

その家が、日本のどこに建っているかによって日射量は変わりますが、平均的には太陽光発電のシステム容量1kW（キロワット）当たり年間1000kWh（キロワット時）程度の発電量があるといわれています。

私の住んでいる静岡県は日射量が多いため、年間1300kWh以上になります。システム容量10kWで、年間発電量がシステム容量1kW当たり1300kWhだとすると、

10kW×1300kWh＝1万3000kWh

つまり年間1万3000kWh発電します。

国立研究開発法人建築研究所のエネルギー消費性能計算プログラムによると、システム容量10kWの場合、14・7％を自家消費します。ということは、発電量の85％くらいは電力会社に売れるわけです。1300kWhのうちの85％の1100kWhくらいは売れる計算です。二世帯でおじいちゃんおばあちゃんがずっと家にいるとなると、自家消費が増えますから、各家庭によって違いがあるので、あくまでも目安です。

そうすると、システム容量が10kWなら

10kW×1100kWh＝1万1000kWh

となり、年間1万1000kWhを売電できます。売電単価19円だとすると、

1万1000kWh×19円＝20万9000円

これを12カ月で割ると1万7000円。ザックリと、太陽光発電の収入が月1万7000円くらいあるわけです。

ちなみに、10kWの太陽光発電システムの設置費用は現在、200万円を下まわってき

ました。

太陽光発電システムの保証期間は10～15年ですが、30～40年は使えます。富士山が大噴火して空が雲に覆われたり、どこかからミサイルが飛んでこない限り、お得なシステムだといえます。

家づくりはライフプランから考えよう

世の中、お金がすべてではないとよくいわれます。私もそう思います。お金がすべてなら、3・0の家なんて建てません。お金をもうけることを最優先にするならば、ビルダーの経営者としてほかにいくらでもやり方はあります。

しかし、人生設計に関しては、お金を切り口にするのが最も将来を見通しやすい。お金に家づくりの本質があるのもまた、事実なのです。

3・0の家といっても、正解はひとつではありません。建て主の借り入れの上限や人生設計、家族構成などによって、家づくりの最適解は異なります。

家づくりの前に、ライフプランを作成することが大切。人生のすべての収支を洗い出したうえで、最適な家づくりの予算を出します。家づくりにかけられる金額がわかれば、どんな家を建てればいいのか、老後に最もお金が残るプランを作成できます。

お金を切り口にするとドライな感じがするかもしれませんが、人生のお金をトータルで把握すると、未来図が見えてきます。それが、家族の人生を豊かにすることにつながります。

資金計画に加えて、返済額や太陽光発電の売電収入、メンテナンス費などをすべてひっくるめた生涯住居コストを算出してこそ、最も合理的な家づくりが見えてくるのです。

ライフプランづくりで見えてくるのはお金だけではありません。

どのタイミングから子ども部屋がいくつ必要なのか。子どもが増えたときはどうするのか。子どもが独立したあとはどのように家を使うのか。必要な間取りの変化も見えてきます。それが家づくりのプランニングにも活かされるのです。

「家づくりは人生づくり」

私はそう考えています。

家を建てるとき、長期的な暮らしのコストを計算したり、ライフプランを考えたりするのは絶対に必要です。業者任せにせず、自分で腹落ちするまで理解することが大切です。

家を建てるのは、未来を考える最高のきっかけ

あなたはまだ、ライフプランをつくったことがないかもしれません。マイホームを手に入れるとき以外、ライフプランをつくるチャンスはなかなかないものです。

私のところにお見えになるお客さんも、はじめてライフプランをつくるケースが大半です。かくいう私自身もサラリーマン大工時代、手取りの給料のことしか頭にありませんでした。ライフプランも知らなければ、決算書の読み方も知らない。投資などしたこともありませんでした。独立するまで、お金の知識が皆無だったのです。

独立してから、信頼できるファイナンシャルプランナーに教えてもらいながら、お金の知識を高めてきました。

お金の知識があるかないかで、人生が大きく変わります。

とりわけ、家計簿づくりなどの細かいことが苦手な方にはライフプランづくりがおすすめです。1年間の収入と支出がどれくらいあるのか、それを12で割って1カ月にどれだけ貯金できているのか、このままだと10年後にどれくらいのお金が貯まっていくのかといったことを簡単に把握できます。

たとえ家を建てるのがまだ先でも、ライフプランをつくっておくのがおすすめです。

偽装ライフプランにご用心

ここで暴露話です。

住宅業界には「なんちゃってライフプラン」をつくる会社があります。

たとえば、ある顧客に5000万円の家を売ろうとしているとします。そうすると、「5000万円の家を購入」という結果ありきのライフプランを逆算して〝偽装〟するわけです。

そうしたハウスメーカーには、お抱えのファイナンシャルプランナー（FP）がぶら下がっています。ハウスメーカーの営業担当とFPがタッグを組んで、「どう考えても、この人は5000万円のローンを返済できない」とわかっていながら、ライフプランを捏造《ねつぞう》して「大丈夫です」と安心させて、建てさせるのです。たとえば、老後の生活費を夫婦2人で月10万円に設定するといった具合。月10万円で暮らせるわけがありません。

私は、この偽装ライフプランの現物を何度も見たことがあります。

これは業界の闇です。なぜ、そんなことをするのか。売るためです。家を建てる人のことなど考えていません。他人事なのです。

私はたまに不動産市場の中古住宅をチェックしますが、ハウスメーカーの築浅物件が出てきます。それを見ると、次のようなストーリーが私の頭に浮かびます。

偽装ライフプランで幻想を抱かされて家を買ったものの、返済が思ったよりきつくなった若い夫婦。生活が苦しくなって夫婦仲が悪くなり、離婚することに。別居するとなると、ローン返済に加えてアパートの家賃が1軒分増えます。ただでさえローンの返済が厳しいのに、これでは生活が成り立つわけがありません。そうなると、せっかく手に入れた新しい家を手放して売却しなければならない。それで中古住宅に出回る、というわけです。

逆にいうと、築浅のハウスメーカー中古物件は、家を探している人にとってはねらい目ではあります。営業担当者が自分に都合のいいことばかり言うのは、何も住宅業界に限りません。しかし、マイホームの購入は、その後の人生が決まってしまうくらい大きな金額。偽装ライフプランにだまされて家を建ててしまうと、その後の人生が破綻しかねません。

くれぐれも偽装ライフプランにだまされないようにしてください。

そのためには、人任せにしないこと。自分の人生は自分で責任を取るしかありません。

知らないと損する3つのお金の使い方

「金持ちほどケチ」とよくいわれます。お金持ちは本当にケチなのでしょうか。あれはケチなのではありません。ムダな消費をしないだけです。お金持ちは使うところには使っています。

それでは何にお金を使っているのでしょうか。

投資です。

お金持ちは、上手に投資しています。投資に成功すると、お金がさらに増えていきます。お金がお金を生んで、お金持ちがさらにお金持ちになっていくのです。

お金持ちは時計1つとっても、高価なものを買います。高価な時計は価値が下がりません。資産価値の保全という意味で、高価なものを買うメリットは大きい。お金持ちは、使うところはしっかり使っています。

たとえば食洗機。ドイツ製のミーレの食洗機を買うとなると、日本製より30万円くらい高くつきます。しかし、日本製の食洗機は容量が小さいので何回かに分けて洗わなければならなかったり、大きいものが入らなかったりしますが、ミーレなら1日分の食器と鍋がすべて入ります。それでボタンをポンと押せば洗い物は終わり。時間コストが大幅に下がります。お湯の使用量も減ります。

それに、ミーレは長持ちします。部品の取り置き期間も日本製より長い。30万円高くても、トータルコストで考えると、ミーレは高くありません。

お金の使い方には消費と投資と浪費の3つがあります。

普段は何げなくお金を使っていると思いますが、この3つを意識するだけで、お金の感覚を磨けます。

消費は、生活するうえで必要な出費です。家賃や食費、水道光熱費、交通費などです。

投資は、将来につながる支出です。元手よりも増えていく可能性のある使い方。掛け捨てではなく、構築できるものです。

浪費とは、生活に必要のない出費です。たとえばたばこやお酒、ブランド品などです。

浪費は節度を持ってやればいいと思います。資産をしっかりと構築していれば、趣味のための浪費にもお金を使えます。

家は、この3つのうちどれでしょうか？　長持ちしないローコスト住宅は消費でしょう。住めば住むほど価値が目減りしていって、数十年後には文字通り「消」えていきます。片や3・0の家は消費ではありません。投資です。太陽光発電によって〝配当〟が生まれます。100年持つ家は、資産価値も消えません。いつか売るときも価値が残り続けているのです。

数十年後に価値がなくなる家をつくって掛け捨てするか。それとも100年後も価値ある家を構築するか。

私は、資産運用という観点で家づくりを考えるのも大事だと思います。

知っておきたい火災保険の基礎

ここでちょっとした裏話をひとつ。

住宅メーカーの資金計画では、火災保険代を20万円や25万円しか計上していないことが珍しくありません。この場合、オプションが一切なく、火災の補償しか入っていません。

ややこしいですが、火災保険には、風災や家財など、いろいろなオプションを付けることができます。近年は台風被害が多発しています。だから風災は入ったほうがいい。地域差があるとはいえ、台風の被害にあうリスクは日本全土にあります。

3・0の家をつくったとしても、近所からものが飛んできて、外壁がへこむかもしれません。しかし、隣の家のものが飛んできても、隣の家は補償する義務はありません。自分でなんとかするしかないのです。足場を架けて外壁の傷を直すと数十万円かかります。

致命的リスクではありませんが、風災は付けておいたほうがいいでしょう。

水災のオプションを付けるかどうかは立地によります。

自分が家を建てる場所は水害のリスクが高いのか、簡単に調べることができます。自治体がハザードマップを公表しているからです。国土交通省のサイトからは、全国のハザードマップにアクセスできます。

土地を購入するとき、不動産会社が重要事項説明で浸水の履歴を伝えなければいけなくなりました。

これらの情報を踏まえて、水害のリスクが高いなら水災には入ったほうがいいでしょう。

2019年10月の台風で、千曲川の堤防が決壊して氾濫しました。私は長野県まで被害状況を視察に行きました。

私は大規模な水害や地震があると、必ず見に行きます。マスメディアやインターネットを通さない現場の一次情報が大事だと考えているからです。

現場を見てみると、2階まで浸水しているエリアがありました。そうなると、復旧に大きなお金がかかります。1年経っても復旧は終わっていませんでした。

家が水につかってしまったら、断熱材はすべてダメになります。ほぼフルリノベーションしなければなりませんが、時間もお金もかかります。オプションで水災に入っていない人は、どうやって対応するのでしょうか。

家を2回建てられるほど資金が潤沢な人はごくわずか。

水災の保険に入ると、5〜10万円負担が増えます。さらに10年に1回入り直しです。10万円かけるとすると、60年で60万円の負担になりますが、それでも水災リスクのあるエリアなら入るべきです。

火災保険は代理店によって受給額が大幅に違う!?

私の会社のスタッフAに、次のようなことがありました。

Aが私の会社で家を建てたとき、自分でコストを比較して火災保険に入りました。

私の会社は、有力な保険代理店と提携しています。お客さんにはいつもその有力代理店を紹介していています。スタッフもみな、その代理店経由で保険に入っています。

Aは、その代理店を通さずに保険に入った唯一のスタッフでした。

あるとき、Aの隣家で火災が起きて、Aの自宅の外構の一部が燃えました。Aが保険会社に直接相談したところ、「この案件では保険金は出ない」と言われたそうです。納得できなかったAは有力代理店に相談して、保険会社との交渉の仕方を教えてもらったのです。再び保険会社と交渉した結果、保険金が出るようになったではありませんか。

Aは、有力代理店を介さずに保険に入ったことをいたく後悔していました。

もし、あなたが2人に対して支払わなければならないお金があるとします。大事な相手とどうでもいい相手、どちらを優先しますか？　もちろん大切な相手に先に払うことでしょう。火災保険にも、似たような面があるわけです。

Bさん宅とCさん宅で同じような火災があったとします。Cさんはたくさん契約を取ってくる代理店からの加入者。Bさんはあまり契約を取ってこない代理店からの加入者。そうなると、力のある代理店から加入したCさんは受給率が高く、そうでないBさんは低いということが起こりえます。

代理店側からすると、お客さんがせっかく入ってくれたのに、いざというときに保険金を出さないとなると信用問題にかかわります。そこは、契約高が大きい代理店は力を発揮するのです。

力のあるいい代理店は、アフターフォローもきちんと対応してくれるのです。

ローンを組むついでに、銀行で火災保険に入る人がいます。しかし、銀行は火災保険のプロではありません。火災があったとき、加入者が個別に保険会社と交渉して保険金を受け取ろうとしても、一見さん扱いで、一人分の影響力しか発揮できません。火災保険に入るときは、「何かあったら相談に乗ってもらえるか」「アフターフォローが手厚いか」「保険金の給付までサポートしてもらえるか」といったことをチェックしましょう。

ＺＥＨは新型住宅の通過点に過ぎない

ＺＥＨという言葉を目にしたことがあるでしょうか。

これは「ゼッチ」と読むもので、ネット・ゼロ・エネルギー・ハウス（Net Zero Energy House）の略。

経済産業省資源エネルギー庁によると「外皮の断熱性能等を大幅に向上させるとともに、高効率な設備システムの導入により、室内環境の質を維持しつつ大幅な省エネルギーを実現した上で、再生可能エネルギーを導入することにより、年間の一次エネルギー消費量の収支がゼロとすることを目指した住宅」のことです。簡単にいうと、太陽光発電などによって、化石燃料などの一次エネルギーの消費がおおむねゼロになる住宅です。

「太陽光発電は電気の買取価格が下がっているので、やめたほうがいいですよ」と言う人がいます。本当でしょうか？　買取価格が下がってきたのは事実です。

しかし、太陽光発電はむしろこれからです。

多くのものは普及すると価格が下がります。太陽光発電システムも例外ではありません。普及していくにつれて、大幅に導入コストが下がってきました。導入コストが下がらずに、買取価格が下がったら確かにうまみは減ります。しかし、導入コストが下がることによって、買取価格が下がっても収支のつり合いが取れるようになっています。

太陽光発電システムの導入価格は、私自身が家を建てた2013年当時、システム容量1kWあたり35万円でした。ところが今は20万円を切ってきています。10年弱でほぼ半額です。

このため、単純に「買取価格が下がったからやめたほうがいいよ」とは言えません。システムの導入価格と電気の買取価格、さらには自宅の電気をまかなうことによるコストカット、災害時の停電対策など、トータルで考えて判断すべきです。

蓄電池を導入すると、さらに太陽光発電のメリットが高まります。

しかし、蓄電池は価格がまだ高く、性能も発展途上。災害時に発電できるメリットはありますが、経済的な合理性がありません。ちょうど今が分岐点です。蓄電池の性能が向上したり、価格が低下していけば、一気に普及するでしょう。

ちなみに3・0の家は、もちろんZEH基準を上回る住宅です。ZEHは新型住宅の通過点に過ぎないのです。

住まいとクルマが一体化する未来像

太陽光発電システムのある暮らしの新たな未来像も見えてきました。

それはV2H（Vehicle to Home）というシステムです。「住まい」という概念を超え、これからは家とクルマが一体化していくのです。

V2Hとは、電気自動車に蓄えた電気を家庭で活用するシステム。通常、電気自動車は家から電気をもらって充電しますが、その逆も可能にするシステムなのです。

中国政府は２０２０年10月、２０３５年をめどに新車販売のすべてを環境対応車にする方向で検討すると発表しました。２０３５年以降はガソリン車を販売しないという方向へと舵《かじ》を切ろうとしています。

同年11月には、日本電産の永守重信《ながもりしげのぶ》会長兼最高経営責任者（ＣＥＯ）は「２０３０年に自動車の価格は現在の５分の１程度になる」と発言しました。ＥＶ車が普及するからです。実際に車の価格が５分の１になるかはわかりませんが、世界的にＥＶ車が当たり前の世の中になっていくのは間違いありません。

これからはＥＶ車が普通になります。ガソリン車を好んで買うのはマニアや富裕層に限られるでしょう。

そうなるとわかっているのであれば、ＥＶ車を前提にした暮らしを構想する必要があります。

太陽光発電は昼間発電しますが、一般家庭は発電しない朝方と夕方以降に電気を必要とします。ＥＶ車の活用のニーズでどんどん高まってきています。太陽光が発電しないときの供給をどうするかは大きな課題です。

そこでV2Hが登場したわけです。V2Hなら、太陽光の電力をクルマに貯めておいて、家に戻すことができるわけです。これが普及すれば、個人の電気代が節約できるだけではありません。日本全体のエネルギー効率が高まります。

V2Hがあれば、災害対策にもなります。2011年3月11日の東日本大震災のとき、東北地方のガソリンスタンドで大行列ができました。しかし、自宅の太陽光発電システムの電気を使えるEV車なら、ガソリンスタンドに行く必要はありません。

これからは家庭の太陽光発電システムの設置は必須。そこら中の家庭が発電した電気が、適切に売ったり買われたりして、町の電力がまかなわれるようになる、というのが未来図です。

これはバーチャル発電所（VPP）と呼ばれています。

これからは住まいとクルマとエネルギーの関係が劇的に変わるのです。

太陽光発電とセットにしたオール電化のメリット

私の自宅はオール電化です。

オール電化住宅はもともと、原子力政策を推進するためのものという側面がありました。原発は電力消費が少ない夜間だけ止めるというわけにはいきません。そこで、夜間電力の活用策のひとつとしてオール電化住宅を普及させてきたのです。

しかし、今の太陽光発電はこれとは別の視点でとらえるべきです。オール電化によって、自宅で発電した電気の自家消費率を上げげたほうが、省エネや環境保全につながるという観点です。

災害対策を考えても、太陽光発電システムの導入によるオール電化はメリットがあります。

蓄電池かV2Hを設置しておけば、災害で停電が起きても電気を使うことができます。

私の自宅はまだ蓄電池がないため、発電しているときしか電気を使えません。それでも、停電のとき、日中ならパワーコンディショナーの停電用のコンセントから1500Wの電気を使えます。

私が住むエリアで3日間停電したことがありました。しかし、私の自宅の太陽光発電システムは27kWと大容量なので、停電しても日中は普通に仕事ができました。

東日本大震災をきっかけに原発が止まり、代わりに火力発電が増えました。原油の輸入が増えて、大金が中東に流出しています。ただでさえ人口の減少が始まって市場が縮小しているのに、国内の富が海外に流出してしまっては日本は貧しくなるばかり。なるべくそうならないように、電気の自給率を上げておいたほうが、日本の国防を含めてメリットがあると思います。その方策が原子力というのは、もはや通じないでしょう。各家庭に太陽光発電システムを設置するほうが、安全性でも環境面でも優れていると思います。

これからのオール電化は、太陽光発電とセットで考えるべきです。

それとカセットコンロがあれば、停電しても怖くありません。全負荷型の太陽発電なら発電中であれば200VのIHクッキングヒーターやエコキュートも問題なく使えます。

太陽光発電システムなしでのオール電化は必ずしも便利をもたらしたとは言えませんが、これからは間違いなく便利をもたらします。

3代でコストダウンできる家とは？

「1代目が家を建て、2代目が家具を買い、3代目が食器をそろえる」

イギリスには、そんなことわざがあるそうです。

国土交通省によると、日本の住宅の平均寿命は32・1年。

これに対してイギリスは80・6年。日本の2倍以上です。1世代が約30年ですから、日本は1代で住宅の役目を終えるのに対して、イギリスでは3代が住み続けるのが当たり前。イギリスには、まるで城塞のような頑丈な家が珍しくないのもうなずけます。

家が長持ちなのはイギリスだけではありません。アメリカでも、住宅の平均寿命は日本の2倍以上の66・6年です。私が見る限り、アメリカの家はイギリスの家ほど頑丈ではありません。しかし、DIY（Do It Yourself）の文化が根づいているアメリカでは、自分の家を自分で補修して長持ちさせる人が多い。このため、中古住宅の価値が日本ほど下がらないようです。むしろ、欠陥があるかどうかわからない新築住宅よりも、手入れが行き届いた中古住宅のほうが、信頼性が高いと考える人が多いそうです。だからアメリカでは中古住宅の流通が盛んです。


それでは日本で80年持つ家を建てるのは不可能なのでしょうか？

地震が多いから。夏の湿度が高いから。腐りやすい木造だから。

そんな理由を挙げて、日本の家の寿命は短くても仕方がないという意見があります。それは本当でしょうか？

みなさんも奈良の法隆寺をご存じでしょう。聖徳太子の時代、607年ごろに建てられたと伝わる仏教寺院です。地震が多く、夏場は高温多湿な日本でも、長持ちする木造建築をつくれることを、1400年前に建てられた法隆寺が証明しています。そこまで古くなくても、築100年くらいの古民家は日本各地に数多く残されています。

きちんとした家を建てれば、高温多湿で地震の多い日本でも長持ちするのです。

ただし、長持ちするような質の高い家は、購入するときの値段が安くはありません。

しかし、単純に考えれば、2000万円の家に30年住むと、1年あたり67万円。それより購入時点では1000万円高い3000万円の家に80年住めば、1年あたり37万5000円。
日本でも、80年くらい持つ家を建てるのは十分可能。何度地震が来てもビクともしない家をきちんと建てれば、3代にわたって安心して住めるだけでなく、長い目で見ればコストも安いのです。

減失住宅の平均築後年数の国際比較

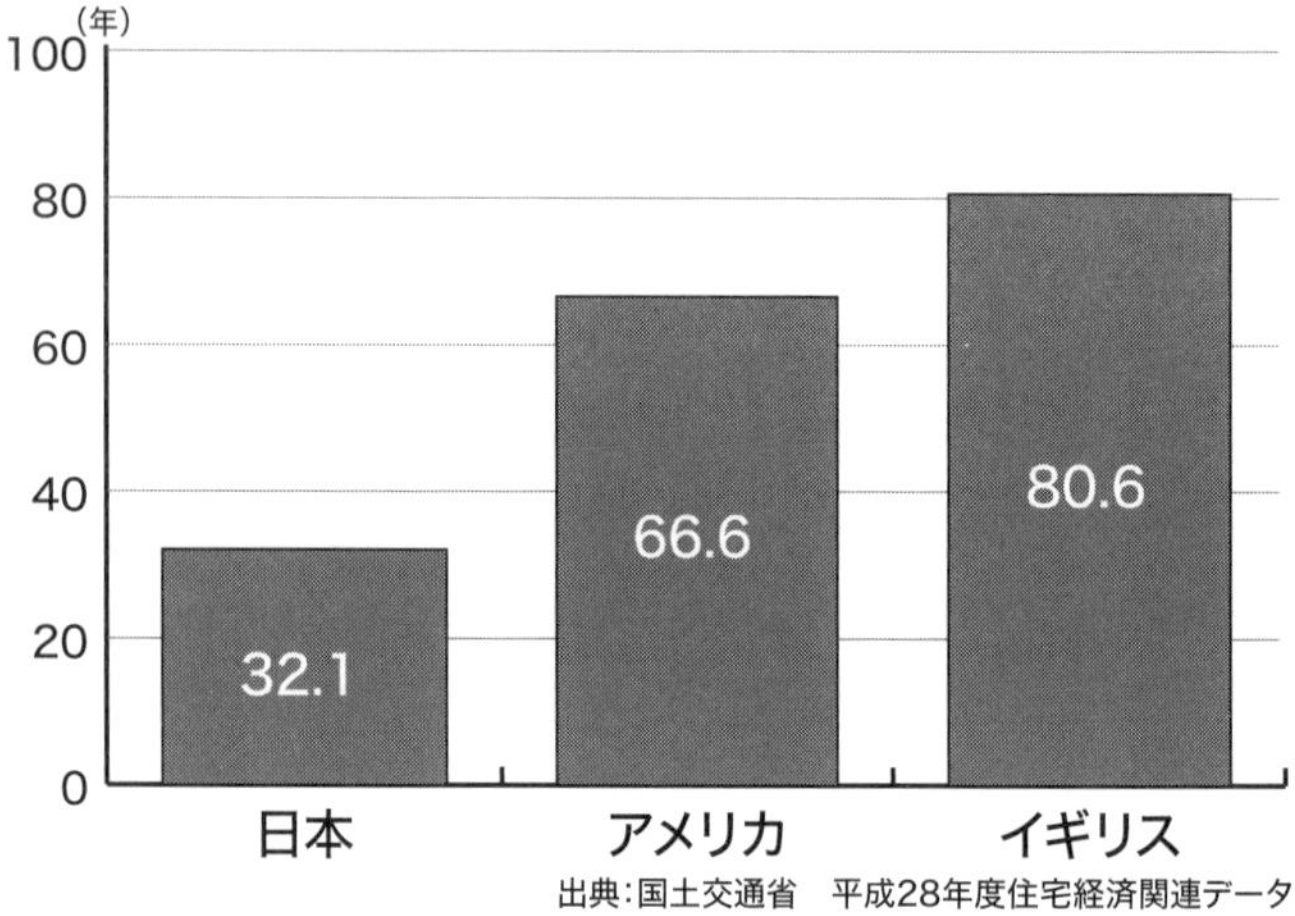

出典:国土交通省　平成28年度住宅経済関連データ

ウィズコロナ時代で変わる家づくり

２０１９年末に中国・武漢で発生したとされる新型コロナウイルス。２０２０年には世界中へと感染が爆発しました。

日本でも、大手をはじめとする多くの企業でリモートワークの導入が進みました。在宅勤務が当たり前の世の中になったのです。

実は、私の自宅は平松建築の本社と一体型です。

私の会社の役員や知人らの家も、仕事部屋を設けているケースがあります。コロナ禍の前から、在宅勤務仕様になっているのです。

これまでの一般的な家は、家で働くことを前提にした間取りにはなっていませんでした。突然、在宅勤務になった人たちは、リビングで仕事したり、廊下に小さなデスクとパソコンを置いてリモート会議に参加したりしているようです。夫婦共働きでどちらもリモートワークとなると、リモート会議の声がお互いにうるさい、といった問題も起きてしまいます。

ウィズコロナの時代の家づくりは、リモートワークを前提にした間取りが増えていくと考えられます。

これからの企業の採用を考えると、自宅に「仕事ができる部屋」があるかどうかが条件のひとつになるのではないでしょうか。子どもがいると、Ｗｅｂ会議中に乱入したり、ドンドン騒いでいる音が入ってしまったりします。仕事用の部屋やスペースがあることが、採用での評価が上がるポイントのひとつになる可能性があります。


また、おうち時間が圧倒的に増えたことから、自宅の快適さがこれまでとは比べものにならないくらい求められるようになりました。

空気も水もきれいで、夏涼しく冬あたたかい。カビ臭さもない。そんな快適な家を建てれば、おうち時間を楽しく過ごせます。

現に、私は出張したとき、早く家に帰りたくなります。

自分の家がどこよりも快適だと思うからです。

私は自分の家が大好きです。

ウィズコロナ時代だからこそ、本当にいい家を建てるメリットが高まっているのです。

100人いれば、100通りの『住む得ハウス』

私は3・0の家を建てることを生業《なりわい》にしています。しかし、人それぞれ事情があります。それを無視してまで3・0の家を建てるわけにはいきません。100人いれば、100通りの家づくりのやり方があるのです。

しかし、どんなに予算が限られていても、はずせないポイントがあります。

それは耐震性です。

耐震性が保てないようなもろい家を建てるべきではありません。人の命にかかわるからです。どんなにコストをカットしても、耐震性だけはお金をかけて確保すべきです。

せっかく新築で家を建てても、地震が来てアッという間につぶれてしまうようなことはあってはいけません。多くの人にとって、家を建てるのは人生で一度きり。人生で2回、家を建てられる人はそういません。

建て主にとってたった一度の人生を賭けた買い物が失敗するとわかっているような質の悪い家を、私は提供することはできません。

何も新築の家を建てるだけがベストの答えではありません。

ライフプランからトータルで考えると、今の段階ではムリして新築の家を建てるのはやめたほうがいいケースもあります。新築を建てるよりも、中古住宅を購入して、修繕して住んだほうがいいというケースもあるのです。

あるいは、ライフプランによっては賃貸住宅に住むという選択肢も検討すべきです。

たとえば、1500万円の中古住宅を買うとします。建物はほぼ価値ゼロのようなものなので、家がつぶれても土地の価値は1500万円そのまま残っています。これならライフプランが破綻するリスクは低い。その段階になってお金が貯まっているなら、家を建て直せばいいのです。そうでなければ、土地を売ってしまって、賃貸住宅に住み替えればいい。

ライフプランには柔軟性があるほうがいいのです。

第3章

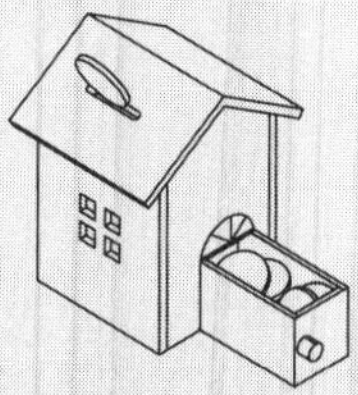

健康も手に入る『住む得ハウス』

「予防原則」と「経済原則」

「日本製は品質が高い」「国産の食材は安全」。そんなイメージはありませんか？

果たして、本当にそうでしょうか。92ページの図を見てください。

ドイツと比べると、食品添加物の種類認可数は21倍、農薬の使用量は7倍です。電磁波の安全基準も、ヨーロッパとはかけ離れています。

ビニールクロス使用量は、日本が95％なのに対して、ドイツは把握できる限りでは20％未満。しかし実際には、ドイツではビニールクロスはほとんど使われていないようです。

私も、ビニールクロスは夏場の内部結露の原因になるので基本的に張りません。

私はドイツに視察旅行に行ったとき、日本と欧州の家づくりの考え方の違いを痛感させられました。

「そもそも日本って、本当に安全なの？」

私は、そう問いかけたい。

私は、ヨーロッパと日本の違いを「予防原則」と「経済原則」という言葉で説明しています。

ヨーロッパでは、1970年代くらいから予防原則を基本にしてきました。「安全性が確認されない限り、市場には出さない」という予防の考え方です。

一方の日本では、安全かどうかはわからないけれど、とりあえず使ってみて、危険性が証明されたら仕方なく引っ込める、という考えです。つまり健康よりもお金優先。私はこれを経済原則と呼んでいます。

日本は最近、この経済原則の流れがますます強まっていると感じます。いい方向に進んでいるとは思えません。

自分の子どもに食べ物を与えるとき、「危険かどうかわからないけど、もし病気になったら、そのとき与えるのをやめればいいや」と考えるでしょうか。危険性が疑われるものは、安全性が証明されるまで子どもに与えたくないはずです。

安部司著《あべつかさ》『食品の裏側〜みんな大好きな食品添加物』（東洋経済新報社）には、次のようなエピソードが出てきます。

食品添加物の専門商社のセールスマンだった著者が、娘の誕生日にミートボールが出されたのを目にします。そのミートボールがドロドロのくず肉に20~30種類の添加物が加えられてつくられていることを知る著者は、娘の皿を取り上げたのです。

自分の子どものことは予防原則なのに、いざ仕事になると経済原則が働いていたのです。

『住む得ハウス』は、予防原則が徹底されています。自分の子どもが安心して住める家づくりを考えているからです。

日本とヨーロッパの安全基準の比較

食品添加物の種類認可数

日本	1500種類
ドイツ	70種類

ドイツの21倍

農薬使用量

日本	14kg/ha
ドイツ	2kg/ha

ドイツの7倍

電磁波被曝上限安全基準

日本	電場 3000V/m 磁場 5000mG
スウェーデン	電場 25V/m 磁場 2.5mG

電場はスウェーデンの120倍、磁場は2000倍

ビニールクロス使用量

日本	95%
ドイツ	20%未満

※80%が紙クロスというデータしかなく、残る20%の中には塗り壁や塗装仕上げが含まれているためビニールクロスの総量は不明です。

「自然から遠ざかるほど病気に近づく」

もしかすると、あなたも花粉症に悩まされているかもしれません。食物アレルギーの子どもも、ひと昔前とは比べものにならないくらい激増しました。

次ページのグラフを見てください。1960年ごろ、アレルギー性鼻炎やアトピー性皮膚炎、喘息《ぜんそく》の患者はほとんどいませんでした。ところがその後、右肩上がりで増加しています。

単純に考えれば、1960年ごろになかったのに、その後、増えているものがこうした疾患の原因でしょう。当時と比べて今のほうが多いものとして考えられるのは、たとえば食品添加物や化学物質、電磁波などです。

住まいだけを考えても、当時はスカスカの家だったので、冬は寒かったもののVOC（揮発性有機化合物）濃度が上がることはありませんでした。建材に化学物質も今ほど使われていませんでした。昔は家電製品が今ほど多くはなく、携帯電話もＷｉ－Ｆｉもなかったので、電磁波の値は今ほど高くなかったはずです。

しかし、私は商品や住まいを提供する企業だけが悪いとは思っていません。

添加物たっぷりの商品が売れるから、企業はそうした商品をつくるのです。加工肉の発色剤として亜硝酸が使われていますが、「亜硝酸ってめっちゃ体に悪いじゃん」とみんなが買わなかったら、企業は使わなくなります。消費者が安さと見た目ばかり求めるから、企業は添加物だらけの食品をつくるのです。

もとをたどると、消費者の意識です。

日本におけるアレルギー疾患の増加

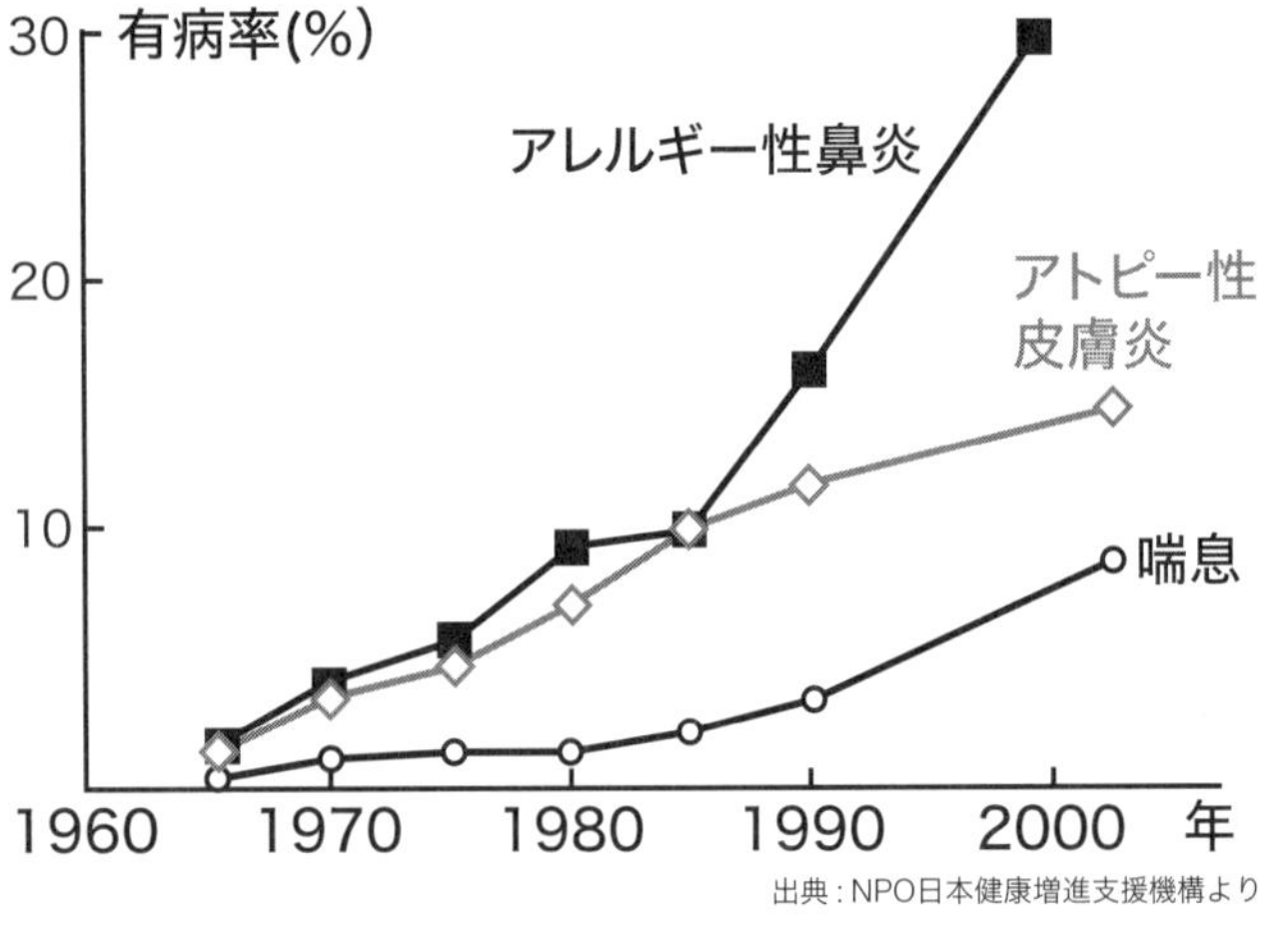

出典：NPO日本健康増進支援機構より

かくいう私自身も若いころ、添加物や化学物質を気にしていたかといえば、そんなことはありませんでした。大工時代は毎日のようにコンビニ弁当を食べていました。子どもができると意識が変わるのです。3人の子どもの父親である今の私なら、健康に配慮した暮らしをしたいと考えています。

ただし、大切なのはバランス。食品添加物や化学物質をすべて排除しようとすると、極端なライフスタイルになりかねません。ムリのない範囲で自然に近づく暮らしを心がければいいと思います。

「人間は、自然から遠ざかるほど病気に近づく」

「医学の父」と呼ばれる古代ギリシャの医師ヒポクラテスは、そう語ったと伝えられます。ヒポクラテスが今の日本を見たら、どう感じるでしょうか。

ヒポクラテスの言う通り、日本の暮らしは自然から遠ざかり続けてきた結果、さまざまな病気が増えているのだと思います

ヒポクラテスの言う通り、自然から遠ざかるのではなく、自然に近づく家づくりをしておけばいいのです。

家具選びも慎重に

せっかく健康に配慮した家を建てるならば、中に入れる家具にも気を配ってください。

安い家具の中には、ホルムアルデヒド（化学物質）など、体に悪い物質の放散量が多いものがあります。

家は不動産ですが、家具も「動産」という資産です。少し値が張っても、健康を害しないいい家具を買えば、将来も価格がそれほど下がらずに、転売できます。家具も使い捨ての消費ではなく、価値が残るのです。購入価格が高いからといって、長い目で見て高いとは限らないのは家と同じです。

ただ、犬や猫などのペットを室内で飼っていると、家具を傷だらけにしてしまうことも。このあたりもバランス感覚が大切です。

バウビオロギー（建築生物学）の考え方

ドイツ発祥の家づくりの考え方に「バウビオロギー（建築生物学）」というものがあります。

バウ（建築）＋ビオ（生物）＋ロゴス（学問）＝バウビオロギー（建築生物学）です。

これは「人のことを考えて、自然に近い家づくりをしましょう」という考え。

「人が住みたくて家をつくるのだから、人のことを考えるのは当たり前では？」と思うかもしれません。ところが実際はそうなっていないのが現実。今の日本の法律で定められた家づくりの基準は、人のことをあまり考えていません。

それでは、日本でバウビオロギーの考え方を取り入れた家づくりの主なポイントを見ていきましょう。

1. 温度

最近、温度が原因の疾患が話題になることが増えてきました。

ヒートショックと熱中症です。

冬、あたたかいリビングから寒いトイレや脱衣室に移動したり、寒い脱衣室で衣服を脱いであたたかい湯船に入ったりすると、温度が急激に変化することによって血圧の急上昇・急下降が起こります。このヒートショックで亡くなる人は、交通事故で亡くなる人の3～4倍といわれています。

ただ、最近、ヒートショックで亡くなったとされる人の真の死因は熱中症ではないかという考えが出てきました。熱いお風呂に長く入りすぎて、熱中症で具合が悪くなっているのではないかというのです。年をとると、皮膚の感覚がにぶくなって、熱くても気づかずにそのまま入浴を続けてしまうことがあるそうです。高齢者は湯船のつかりすぎにも気をつけましょう。

熱中症といえば、危険度が高いのはもちろん夏の暑い日です。

熱中症は炎天下の作業中に起きるというイメージがあるかもしれませんが、50％は室内で起こっています。

夏、室内が暑くなりにくい家づくりが求められます。

一方、冬は寒さが問題です。昔は生活環境が寒かったから寿命が短かった、といわれます。私もそう考えていましたが、最近、この考えを疑うようになりました。古くて寒い家に住んでいても、長生きしているお年寄りがたくさんいるからです。

とはいえ、寒い家には住みたくないものです。寒い家のほうが健康被害のリスクは高まる面もあるでしょう。

たとえば、寒いと服を着込むことになりますが、最近のあたたかさを売りにしている発熱系の衣料品の多くは化学繊維でできています。これが肌のトラブルなどに影響することもあります。室内に温度差があると、気管支喘息にもよくないでしょう。

健康被害のリスクを下げるためにも、家の中は夏涼しく、冬あたたかくなる工夫が必要です。

2. 湿度

湿度だけでなく、湿度も考えないといけません。

近年、私が住む静岡の夏は亜熱帯のような高温多湿の気候になってきました。そうなると、湿度のコントロールがこれまで以上に大事になります。

室内の湿度が70％以上になると、カビが生えたり、ダニが発生したりして、空気が汚染されます。

ダニやほこりがアトピー性皮膚炎やアレルギー疾患、喘息の原因になるのはよく知られています。

まず重視すべきは結露対策。カビや腐朽菌が発生すると、木が傷み、建物の耐久性をも低下させてしまいます。

3. 空気質

最近、空気質への注目度が高まっています。シックハウスという言葉も広く知られるようになりました。

化学物質の濃度や粉塵《ふんじん》などが健康に密接に関係しているからです。

日本では、2003年に建築基準法で24時間換気が義務化されました。住宅の高気密化が進み、室内に汚染された空気が充満しやすくなり、健康被害が多発したからです。

空気質のよい住環境を整えることが大切です。

4．電磁波

私は中学時代、お尻がひどいアトピー性皮膚炎になりました。あのころは多感な時期。人にも言えず、悩んだものです。

あとで気づいたのですが、私がアトピー性皮膚炎になったのは、新しい家に引っ越したときからでした。気になったので、中学時代の自室の電磁波を測ってみたら、電場が平均130V/m、磁場が平均12mGでした。これは日本だとどちらも安全基準の範囲内ですが、どちらもスウェーデンの基準の約5倍です。当時、床に敷くマットの上で寝ていたのですが、その中のスプリングが電磁波を増幅していたと考えられます。

ちなみに、その家から引っ越した途端、お尻の皮膚異常が治りました。

日本は、電磁波の安全基準があってないようなもの。予防原則で考えると、スウェーデンの基準を参考にすべきです。

アース付きコンセントの採用や配線の工夫などによっても電磁波を大幅に削減できます。

5. 水

日本とEUでは、水道水の塩素濃度の基準がまるで異なります。

日本は、塩素濃度を0・1ppm以上にしなさい、という最低基準。

一方、EUは0・1ppm以下にしなさい、という最高基準。

世界的に見ても日本は水道水を飲むという珍しい国なので、塩素をたくさん入れなさいという趣旨ですが、EUはできるだけ少なくしなさいという考えです。正反対の方向性です。

衛生面を考えるために仕方がないことですが、日本の都市部では実質0・4〜1・5ppmなので、場所によってはEUの15倍です。

日本の場合、水道水の塩素濃度が高くなりすぎているので、セントラル浄水器で塩素をある程度は除去しておいたほうがいいでしょう。

ちなみにアトピー性皮膚炎が発病する比率は、塩素を添加する浄水場から近い10㎞未満では24・6％、10㎞以上～20㎞未満では11・1％、20㎞以上では0％というデータがあります（科学研究所費補助金成果報告書より）。

因果関係の明確なエビデンスはまだありませんが、トイレのウォシュレットの普及率に応じて大腸がんが増えていることにも注意が必要かもしれません。

エアクオリティが高いのはにおわない家

子どものころ、友達の家に遊びに行くと、においませんでしたか？

友達の家には友達の家の、おばあちゃんの家にはおばあちゃんの家のにおいがあります。

自分の家のにおいは気にならないものですが、他人からすれば臭いかもしれません。

家のにおいの原因はいくつか考えられます。体臭や仏壇の線香、ペットなどのほか、化学物質が原因になっている可能性もあります。

においの原因が化学物質なら、体に悪影響を及ぼしかねません。

原因がなんにせよ、家が臭いのは、空気がよどんでいることの証。においがこもるということは、湿気も逃げていかないはずです。

私が建てる家は、たとえ室内でペットを飼っていても、ペット臭がほとんどありません。なぜなら通気断熱の「WB工法」というものを採用しているからです。

WB工法のポイントは主に3つ。

1つは、壁の中を空気が流れるような仕組みになっていて、通気性があります。

2つ目は、形状記憶合金を使い、夏は開き、冬は閉じることによって自動的に気密性をコントロールします。

3つ目は、内壁が湿気を通します。湿気とともに、においや化学物質も室内から室外へと排出されます。

現に、私の家では犬を飼っていますが、WB工法で建てているのでほとんど犬のにおいがしません。二酸化炭素濃度やVOC（揮発性有機化合物）濃度も測ってみましたが、常に空気がきれいな状態を保っています。

WB工法の家は、いわば「呼吸する家」。呼吸することによって、常に室内の空気がきれいな状態が保たれるのです。

WB工法ならにおいだけでなく湿気もたまらないので、結露しにくく、カビや腐朽菌も生まれにくい。このため家の構造自体が長持ちします。

夏は断熱も必要ですが、結露を起こさないのが一番大事。結露が起こらず、なおかつエネルギー負荷が少ないつくり方をする必要があるのです。

ちなみにWB工法は平松建築での実データ上、高気密・高断熱住宅より夏場は40％くらいエネルギー消費量が少ない。WB工法なら、形状記憶合金が空気の流れを調整することによって、夏涼しく、冬あたたかい構造になっているからです。

WB工法が優れているといっても、コストがかかると思うかもしれませんが、そんなことはありません。

高気密・高断熱住宅をまじめに建てようとすると、機械換気設備を設置したり、シートをすき間なく張ったりするのでコストがかかります。むしろWB工法のほうが初期費用が安いのです。

トータルのメンテナンスコストとなると、WB工法のほうが圧倒的に安い。高気密・高断熱住宅の場合、換気設備のメンテナンスやフィルター交換などが必要になりますが、WB工法なら機械を使わず、形状記憶合金が動くだけ。極めて単純な構造なので壊れにくく、維持管理もラクです。

『3・0の家』は医療費も削減できる家

食品の安全性を気にしている方は多いと思います。とりわけ子どもができると、スーパーで加工食品を買うとき、つい裏に貼られている食品表示をチェックすることでしょう。保存料や着色料、発色剤といった食品添加物が入っていないか、産地はどこか、気になるはずです。子どもたちに健康で育ってほしいというのが親の願いです。

それでは、家に使われている化学物質のことを気にしている人がどれくらいいるでしょうか？

人は、1日2kgくらい食べたり飲んだりするそうです。

これに対して、人が1日に吸い込む空気の重さは約20kg。実に食べ物の10倍もの重さの空気を吸っているのです。

体に取り込む空気のクオリティがいかに大切かがわかります。

今の世の中、化学物質ゼロで生活するのはムリでしょう。

それでも、住まいの素材にも気を配ってほしいのです。

わかりやすいところでは、ビニールクロス。

空気を通さないビニールクロスを家の外周部に接する壁に張ると、クロスの外側が結露する可能性があります。

コップに冷たい水を入れると外側が結露するのと同じ原理です。

日本では、住宅に使われているクロスの95％がビニール製です。ところがドイツではビニールクロスはほとんど使われていません。先進国では布か紙クロスが主流です。布や紙のクロスは通気性があるので、結露しにくいのです。

　ビニールクロスを張ることによって、どんなことが起きるでしょうか。結露すると、カビのリスクが高まります。

　私はかつて、ものすごいカビの生えた家に入ったことがあります。入ってすぐに酔った感じになりました。あれはたぶん、体が防衛反応を示したのでしょう。

　近畿大学の岩前篤《いわまえあつし》教授の研究によると、高断熱の家に転居すると、気管支喘息やアトピー性皮膚炎、アレルギー性鼻炎などが軒並み改善するそうです（グラフ参照）。

　東京都立大学の星旦二《ほしたんじ》名誉教授による

各種疾患の改善率と転居した住居の断熱性能との関係

改善率＝新しい住まいで症状が出なくなった人数／以前の住まいで症状が出ていた人数

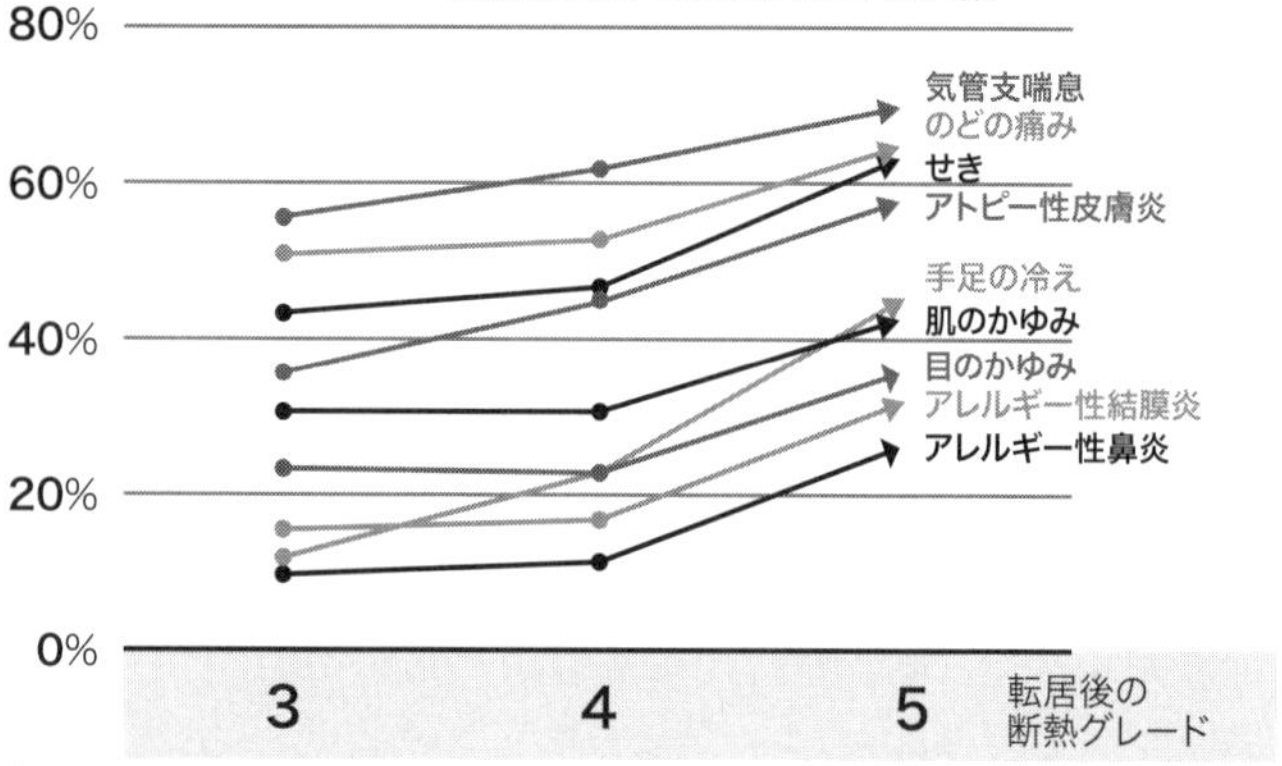

グレード3＝Q値4.2（H4年省エネ基準レベル）、グレード4＝Q値2.7（H11年省エネ基準レベル）、グレード5＝Q値1.9

資料提供：近畿大学　岩前篤教授

と、冬、家の中をあたたかくすると、脳血管障害や心疾患、糖尿病、アトピー性皮膚炎などのリスクが下がるそうです。

日本建築学会で発表された論文によると、冬あたたかい家で暮らすと、1世帯当たり、年間2万7000円の医療費削減効果があるそうです。これは自己負担率を3割としたときの金額で、それ以外にも税金などが投じられているので、社会的負担をトータルで考えると1世帯当たり5万9000円の削減効果があるそうです。

自己負担だけで考えても、35年間で100万円近く医療費を圧縮できるのです。

ただ、2万7000円というのは、断熱性能が高くてあたたかい家の話。素材や湿度、水、電磁波などもトータルで健康にいい3・0の家なら、さらに大きな医療費削減効果があるはずです。

体にいいものを食べれば病気になりにくいのと同じように、体にいい家づくりをすれば病気の予防になります。病気になりにくければ、医療費も削減できるのです。

夏涼しく、冬あたたかいパッシブ住宅とは？

夏は涼しくて、冬あたたかい家が理想的ですが、家をあたたかくするなら、単純に電気をたくさん使って暖房をかけまくれば実現できます。しかし、ひと晩中暖房をかけ続けるのは非現実的。エネルギーをあまり使わなくてもあたたかい家を建てたいものです。

その答えのひとつがパッシブデザインです。

パッシブデザインとは、太陽や風といった自然エネルギーを最大限に活用して、過ごしやすい室内環境を実現させる設計手法。

太陽の光の利用では、南面に大きな窓を設置したり、冬場の日射を取得するようになるべく窓を配置したり、吹き抜けにしたりして、日中に人工照明をつけなくても明るい空間づくりを工夫します。

一方で、夏は日をさえぎる日射遮蔽《しゃへい》も大切。

近年、地球温暖化によって、夏の気温が40℃を超える地域が増えてきました。私が住む静岡も40℃を超えたことがあります。そうすると、高断熱にすればするほど、強い日射によって家の温度が上昇して、熱気が外に抜けなくなってしまいかねません。このため、断熱性能が高くなった今の家づくりでは、日射遮蔽の重要性が増しています。

自然風の利用では、夏のあまりにも暑い時期は例外として、それ以外の時期で風が入るような設計なら、冷房なしでも室内を涼しく保てます。

風が吹く方向は、周辺環境や建物の配置、季節などによって変化します。ある地域で頻繁に吹く風を「卓越風」といいますが、こうしたものを計算したうえで、自然の風を取り入れるようにします。

ただ、家のつくり方は地域によって異なります。北海道の家と沖縄の家ではまるで違います。全国で画一的な家づくりは不可能です。

その地域にはその地域のパッシブデザインがあるのです。

パッシブデザインの考え方は、省エネや快適さの実現に欠かせませんが、あくまでも家づくりの一要素にすぎません。

パッシブデザインばかり優先して、ほかの要素を無視する人がいます。日射の取得や通風を優先するあまり、長持ちしないつくりになってしまっては意味がありません。

たとえば光熱費を切り取って考えると、一般家庭の年間の光熱費は20万円くらい。このうち冷暖房費は3分の1ほど。ということは、パッシブデザインで冷暖房費をカットしたとしても、せいぜい年間6万円くらいの節約です。

パッシブデザインだけではなくて、アクティブにエネルギーを生む太陽光発電とメンテナンスコストとのバランスもよく検討すべきだと私は考えます。

第4章

8割の日本人は「ヤバい木造住宅」に住んでいる

木造住宅の8割は構造計算をしていない!?

木造住宅の8割が構造計算をしていないと聞いて、にわかには信じられないかもしれません。

「4号特例」というのを聞いたことがあるでしょうか。

建物を建てるときは、役所に申請して許可を得なければなりません。そのときに構造計算書も併せて提出します。

ところが「4号建築物(※)」と呼ばれる木造住宅は、構造計算書の提出が義務づけられていません。

建築業界では「4号建築物は構造計算をしなくていい」と解釈している人が多い。しかし、この特例は「構造計算をしなくていい」と免除しているわけではありません。あくまでも「構造計算をした書類を提出しなくてもいい」という趣旨です。ところが現実には「構造計算をしなくていい」で通ってしまっています。

構造計算をすると、費用がかかります。構造計算だけなら20〜30万円ですが、長期優良住宅の申請を含めると50〜60万円かかります。できるだけ建て主に安い価格を提示したい住宅会社は「値段が高くなるので構造計算したくない」と思っていることでしょう。

震度7クラスの地震が来ると、多くの家が倒壊します。

この地震大国では、いつ大地震が来るかわかりません。50万円プラスすれば、大地震が来てもつぶれない家を建てられるとすれば、「それなら構造計算してほしい」という建て主も多いのではないでしょうか。

私はすべての木造住宅で構造計算すべきだという立場ですが、住宅会社はせめて建て主に「構造計算をしますか?」と聞くべきです。住宅会社は「安い家をつくったほうが売りやすい」「お客さんに説明しても、高いと言われたらどうしよう」といった自分たちの都合ばかり優先せず、建て主に判断を仰ぐべきです。そもそも住宅会社には構造計算のことすら知らない営業や設計士がいるのも問題です。

近年は、4号特例の危険性を訴える専門家の声が高まり、構造計算をするケースが増えてきました。それでも、構造計算をしているのは4号特例建築物のわずか2割程度です。

つまり、日本の木造住宅の8割は構造計算をしていないわけです。

あなたが家を建てるときには、「構造計算をしてほしい」と必ずビルダーに伝えてください。そもそも、言われなければやらないようなビルダーはダメ。安心して住める家を建てたいなら、構造計算するのが当たり前のビルダーに頼むべきです。

というのも、構造計算によって、家のつくり方が大幅に変わるからです。普段から構造計算に対応した家づくりをやっていないビルダーが、いきなりやろうとしても簡単にはできません。

※4号建築物

建築基準法6条1項4号で規定する建築物で、2階建て以下・延べ面積500平米以下・高さ13m以下・軒の高さ9m以下の木造建物のこと。

熊本地震では耐震等級2でもつぶれた！

2016年4月14日、熊本県益城町を震源地とする震度7の地震が起きました。

この熊本地震によって、住宅の全壊が8667棟、半壊が34719棟、一部破損が16万3500棟に上り（2019年4月12日現在）、被害総額は2兆3777億円に上ったといわれています。

熊本地震で実際にどんな家が倒れ、どんな家が倒れなかったか。本当に地震に強い家をつくるには、これを知る必要があると思い、私は熊本に飛んで被災地をまわりました。

耐震等級というものがあるのをご存じかもしれません。

耐震等級は1〜3の3段階です。

耐震等級1は「極めて稀《まれ》に発生する地震力に対して倒壊・崩壊しない程度」と規定され

ています。これは建築基準法の２０００年基準と呼ばれるものです。次の耐震等級２は、耐震等級１の１・25倍の耐震性能です。これは学校や病院の耐震性能に匹敵するといわれていますが、それでも熊本地震でつぶれた例がありました。最もレベルが高い耐震等級３は、耐震等級１の１・５倍の耐震性能で、消防署や警察署といった災害拠点になる建物に相当します。

それでは熊本地震ではどうだったのでしょうか。

１９８１年６月以前の旧耐震基準の木造住宅は、無被害が５・１％しかありませんでした。約95％がなんらかの被害を受けたのです。倒壊と全壊で半分近くに上ります。

新耐震基準が制定された１９８１年から２０００年までの木造建築でも、無被害はたったの20・４％。その後、１９９５年１月17日に起きた阪神・淡路大震災を受けて改定された最新のものが２０００年基準です。この２０００年基準では無被害は61・４％でした。耐震性能はかなりアップしていますが、それでも約40％は被害が出たのです。

あなたが家を建てるとき、「大地震が来たら、４割の確率で壊れます」と言われたら、どうですか？　それは許容したくないリスクでしょう。

つぶれるとわかっている家には、誰も住みたくありません。

「地震でつぶれようが、安ければいい」「地震で倒壊してもいいから、耐震等級1で構造計算しなくていい」と考える人がいるかもしれませんが、少数派でしょう。ところが現実には、地震でつぶれない家はごくわずかなのです。

2000年基準のうち、耐震等級3だけを抜き出してみると、87・5％は無被害でした。倒壊や全壊はありませんでした。さすがに消防署や警察署の耐震レベルだけのことはあります。ただ、半壊・一部損壊が12・5％でした。耐震等級3でも完璧ではありません。

だからこそ、最低限、耐震等級3が必要なのです。

構造計算や耐震等級をケチったツケ

2018年の時点で、益城町などの激震地で無補修だった家が20％、補修した家が27％、建て替えが16％。

更地にして建て替えすらできていない家が37％にも上ります。

つぶれたからといって保険が全額出るわけではないので、建て直すのは容易ではありません。

しかも、地震が起きると建築費の単価が跳ね上がります。下手すると倍くらいになります。建材や人手が不足するからです。

そうなると、お金持ちしか建て替えられません。ですから、いまだに更地が数多く残されています。

この状況は、構造計算や耐震性能をケチった結果です。

しかし、許容できるレベルではありません。人の命がかかっているからです。たとえ今回つぶれなかった家でも、また地震が来たらどうなるかわかりません。

熊本地震の被害はまだ終わっていないのです。

私は現地をまわってみて、構造計算の必要性を改めて痛感させられました。大工さんの勘で木造建築をつくってはいけません。

木造建築の構造について精通している工務店なら、丈夫なプランをつくります。それでも、構造計算してみたらアウト、ということが起こりえます。私たちにもあります。構造計算してみたら、柱を1本増やしたほうがいい、ということが起こります。本当に地震に強い家かどうかは、構造計算しないと勘と経験だけではわかりません。

熊本地震では、新築住宅ですら倒壊しています。今、この瞬間でも、日本全国で地震でつぶれるおそれがある家が次々と建てられているのです。


ちなみに、大手ハウスメーカーの家は、構造のリスクはほぼないと思ってもらってかまいません。熊本地震でも、大手ハウスメーカーの家はほとんどつぶれませんでした。

価格が高いか安いか、省エネや結露の面はどうかといったことはわきに置いておいて、耐震性能に限っていえば大手ハウスメーカーは信頼できます。

大手ハウスメーカーは全国展開しているので、地震を何度も経験しています。被災の知見が数多く貯まっているのです。それに、地震でつぶれてしまったら、評判が落ちて売れなくなってしまいます。だから、大手ハウスメーカーは徹底的に耐震性の高い家づくりをしています。

地震でつぶれる4つの特徴

熊本地震後に現地へ飛び、倒壊したたくさんの家を見ながら写真を撮り、その後、写真を分析しながら地震でつぶれる家には4つの特徴があることを突き止めました。

1．瓦などの重い屋根
2．筋交《すじか》いはあるけれど、構造用面材が使われていない
3．外周部の直下率（1階と2階で柱や壁の位置が合っている割合）が低い
4．金物の施工不備

以上の4つです。以下にそれぞれについて説明します。

1．瓦などの重い屋根

宅配業者はトラックに荷物を積むとき、重いものを下に、軽いものを上に積みます。これを逆にして、重いものを上に積んだらどうなるでしょうか。重心が高くて不安定になるばかりでなく、下の軽い荷物が上の重い荷物に押しつぶされてしまいます。

家もこれと同じです。家の耐震能力を超えた重さの瓦屋根になっていると危険です。瓦屋根が危険だと言っているわけではありません。きちんと構造計算してあればなんの問題もありません。しかし、構造計算せずに重い屋根を載せるのが危ないのです。

太陽光パネルをあとから載せた家で、南側の屋根が重くなってつぶれている例もありました。

2．筋交いはあるけれど、構造用面材が使われていない

壁の強度を補強する筋交いが入っていない、あるいは不足していた場合、家の強度が弱くなって倒壊しやすくなります。

さらに、筋交い自体が丈夫な構造とは言い切れません。筋交いはクギかビスで打ち付けるので、繰り返される小さな地震などに伴ってクギが抜けたりビスから木が割れてきてし

まうのです。

筋交いがバキバキに折れている家もありました。

今なら、筋交い方式ではなく、地震に強い構造用パネルを使う安全性の高い工法があります。

3. 外周部の直下率が低い

1階と2階の柱や壁の位置がそろっているかどうか。これが直下率です。直下率が高いと、安全性も高くなります。

たとえば2階の柱の下に1階の柱がない家をイメージしてください。

これでは地震の揺れが来たとき、屋根や2階の重みを1階の柱にストレートに伝えることができず、倒壊の危険が高まります。

2階建てなら、構造上の理想は真四角総2階。つまり、外周の壁も柱も1階と2階ですべて一致している形です。デザイン性を無視すれば、これがベストです。壁の位置がずれていなくて、上下が全部そろっている寸胴のほうが安全です。

4. 金物の施工不備

工事のミスや確認不足で、金物が付いていない建物がありました。たとえば、柱と筋交いをつなぐための金物のビスが打ち付けられていないのです。クギの間隔が規定に沿っていない例もありました。

熊本地震で倒壊した家の中には、こういった品質管理ができていない例が多く見られました。

家が完成したら、そこに住む人は壁の中を見ることができません。きちんと工事されているのか、それとも手抜き工事なのか、確認する術がないのです。

それをいいことに、手を抜いているビルダーがあるのが現実です。

まじめに工事したビルダーでも、必ずミスは起きます。品質を徹底的にチェックする仕組みがあるかどうかが大切なのです。

熊本地震でもわかるように、つぶれてから自分の家が欠陥住宅だったとわかっても手遅れです。

危ない家は、場合によっては、あなたやあなたの家族の命さえも危険にさらしてしまうのです。

私は熊本の倒壊した家をつぶさに見ながら、その真実を改めて目の当たりにし、どんどん背筋が凍りついていきました。

そして、自分が手がける家だけは絶対にこのようなことがないようにと強く自分自身を戒めたのです。

構造計算をしていない。金物が付いていていない。品質管理ができていない。屋根が重い。直下率が悪い。そんな家が日本中にあふれ返っているのが現実です。

2000年基準の耐震等級1をクリアしていれば合法ですが、耐震等級2や3の家でも被害がありました。

家には、大切な家族の命と財産がかかっています。

耐震はやりすぎがちょうどいいと私は思っています。

「そこまでやるの?」というくらいやるべきです。

地震に強い家をつくるためのはずせない急所

つぶれる家の４つの特徴に加えて、もうひとつ、根本的な問題があります。地盤です。

どんなに頑丈な家でも、もろい地盤の上に建ててしまっては元も子もありません。地震が来たら、地盤ごとくずれてしまいます。

熊本地震のあとに現地を視察したとき、崖沿いの宅地に建つ家で、擁壁がくずれている例がありました。

崖沿いの宅地や斜面を造成した宅地には、擁壁があります。擁壁とは、崖くずれなどを防ぐためのコンクリートやブロックなどの壁のこと。この擁壁がくずれてしまっている家があったのです。

擁壁の耐力が不足しているのが直接の原因ですが、そもそも崖沿いの土地はリスクが高い。「崖っぷち」という言葉があるように、崖に建つ家はあとがない状態。土地の選び方で勝負がついてしまっているのです。

そうはいっても、地盤のよしあしなんて素人にはわからないと思うかもしれませんが、そんなことはありません。誰でもわかるヒントがいくつもあります。

まず、単純に崖っぷちや崖の下の土地はできれば避けるべきです。擁壁があっても、それがどのくらいの強度かわかりません。

地名もヒントになります。

たとえば水を連想する名の土地は、もともとは池や沼があったり、湿地だったりで、地盤が弱いケースがあります。たとえば東日本大震災のとき、内陸の埼玉県で地盤が液状化した住宅街がありました。そこは、もともと水田が広がっていた土地に砂を敷き詰めて埋め立てたエリアだそうです。

地元の図書館に行けば、明治時代や大正時代の地図を閲覧できます。それを見てみると、かつては沼や湿地だった、というのがわかります。イメージの悪い地名が変更されている例もあるので要注意です。

地元に根づいた不動産会社や工務店なら、地盤のよしあしを把握しているはずです。そうしたことをアドバイスしてくれる会社なら、信頼できるでしょう。

洪水の危険度は、行政のハザードマップを見ればわかります。

立地の安全性は、自力でかなりの程度チェックできます。

印象のよさだけで判断してはいけないのです。

そうはいっても「実家の近く」「親から譲り受けた土地」といった事情がある人もいます。

その場合、きちんとリスクをわかったうえで対策を立てるようにしましょう。

地震で倒壊しないための家づくり、4つの条件

それでは、地震が来ても倒壊しない家をつくるには、どうすればいいのでしょうか。次の4つの条件を満たせば、タフな家をつくれます。

1. 耐震等級3

震度7の地震が来ても耐えられる家をつくるには、耐震等級3の認定取得は必須です。耐震等級3を取得するための検証方法には3つあります。仕様規定と住宅性能表示制度、構造計算の3つです。同じ耐震等級3でも、この順番で丈夫さがアップします。

仕様規定というのは簡易計算のための壁量、壁バランス、そして接合部のみ規定を満たしていればいいというもの。これよりも住宅性能表示制度、さらに構造計算のほうが計算が複雑で、耐震性が高くなります。

つまり、構造計算のルートで耐震等級3を取得したものが最も丈夫なのです。

2. 品質管理

大工さんに「ミス1回もなしに家建てたことある?」と聞くと、「あるわけない」という答えが返ってきます。どんなに腕のいい大工でもノーミスで1軒の家を建てることは不可能。私も10年間大工をやっていましたが、ミスゼロは一度もありませんでした。腕が悪かったとは思わないし、丁寧につくっていました。それでもミスゼロはありませんでした。それだけ家づくりは難しいのです。

どんなに優れた設計図でも、その通りにきちんとつくられていなければ、本来の性能が出ません。

そのために、腕のいい大工につくってもらうのは大事なこと。私も、腕利きであるだけでなく、建て主のために誠実に仕事ができる大工にしか仕事を依頼しません。

図面通りに施工されているか、自社でチェックするのは当たり前。プラスして、第三者機関にチェックしてもらうことが大切です。

どの業界、どの仕事も、ＰＤＣＡ（計画・実行・チェック・改善）が基本。第三者機関のチェックがないと、ＰＤＣＡからＣが抜けてＰＤＡになってしまいます。

設計して、工事して、「あっ、ミスったから補修しよう」で終わり。それこそＤＡＤＡの繰り返し。

施工基準書などをつくって（Ｐ）、工事して（Ｄ）、第三者機関の監査を受けて（Ｃ）、ミスが発覚したら修正する（Ａ）。このプロセスを蓄積していくために、改善のレポートをつくって、それをまた計画に織り込んでいくというＰＤＣＡサイクルをグルグルまわしていくべきです。しかし、それやっている会社はほとんどありません。

たとえPDCAサイクルをグルグルまわしていても、ミスは出ます。

ミスゼロの家は本当に難しいのです。

3. 構造計算（許容応力度計算）

耐震等級3だけでは不十分。震度7の地震が繰り返し来てもつぶれないようにするには、構造計算をすべきです。

家の丈夫さの計算方法は、ひとつではありません。

壁量計算というのもあります。これは構造計算を簡略化したもの。この壁量計算すらやらずに建築しているケースもあるようです。

地震で倒れない家をつくるには、構造計算が欠かせません。

4. 維持管理

どんなに丈夫な家をつくっても、定期的にメンテナンスしなければ本来の性能が出ません。

たとえば、外壁から漏水して柱が腐食していたり、シロアリが発生したりすれば、構造がもろくなってしまいます。

長く安全に住むためには、定期的なメンテナンスが必要です。

念には念の「コーチパネル」

この4つの条件をクリアすれば、大地震が来ても倒壊するリスクは限りなく小さくなります。

しかし、私は念には念を入れるために「コーチパネル」という工法を採用しています。

コーチパネルとは、耐力壁の一種。家は真上からの負荷を柱で支えますが、地震や風などの横方向からの負荷に弱い。この横方向の強度を高めるために必要なのが耐力壁です。

耐力壁にはいくつか種類があります。筋交いもそのひとつです。板を張り付けた大壁直張りという耐力壁もあります。

これらに対して、コーチパネルは圧倒的に強さと粘りのある耐力壁です。

わかりやすいのが、構造躯体と板の取り付け方法の違い。大壁直張りはクギで板を打ち付けますが、コーチパネルは板をはめ込む方式。日本の伝統建築で使われる真壁張り《しんかべば》と呼ばれる工法と同じ仕組みです。

構造躯体に打ち付けたクギは、揺らし続けたらだんだん抜けてきます。繰り返しの大地震が来れば、いつか必ず壊れてしまいます。

しかし、コーチパネルはクギで止めて耐震性を担保しているわけではなく、パネル自体が耐震躯体にめり込むように力がかかるため、クギに負担がかかりません。繰り返しの地震に強いのです。


地震対策では、制震や免震といった揺れを減らす技術もあります。しかし、それが100年先まで機能するかどうかはわかりません。結露したり、サビたりしたら性能が落ちるかもしれません。

これに対して、コーチパネルは極めて単純な構造です。木でできているので、湿気をコントロールさえできれば壊れようがありません。

だから私はWB工法とコーチパネルを採用しているのです。現時点では、この2つが私にとって家づくりの最善の答えです。

避難所に行かなくてすむ家づくりの条件

日本全国、いつ地震や水害で電気やガスなどのライフラインが止まってもおかしくありません。

そのとき、多くの人は避難所生活を余儀なくされます。

もし、災害があっても避難所に行かなくてすむなら、それに越したことはありません。

そのためには、まず震度7クラスの地震でもビクともしない家であることが大前提。耐震等級3に加えて、構造計算された家なら安心です。

次に、水災が起こりにくい立地条件であること。日本全国、高級住宅街の多くが高台に位置しているのは、水災対策と無縁ではないでしょう。

最後に、地震や水災に耐えたとしても、エネルギーをどう確保するか。

冬、あたたかい家なら、無暖房でも過ごせます。

夏、涼しい家なら、冷房や扇風機がなくても過ごせます。

そして何より、太陽光発電システムがあれば、停電していても電気を使えるのです。さらに蓄電池があれば鬼に金棒です。

太陽光発電の活用の発展形で、V2Hというシステムがあることをすでに紹介しました。太陽光発電で生み出した電気でEV車を充電しておけば、ガソリンスタンドの大行列に並ぶ必要がありません。日中に発電してクルマに貯めておいた電気を夜、家に戻すこともできます。

プラスして、カセットコンロやキャンプ用品などがあれば、より万全な災害対策になります。エネルギーをなるべく外部に頼らないようにしておけば、災害時にもあわてなくてすみます。余裕で巣ごもり生活ができてしまいます。

構造計算にも、太陽光発電システムにも、お金がかかります。しかし、かけた以上にリスクを減らし、家族を守る大きなリターンがあるのです。

私は家づくりの答えをカンニングした!?

私は工務店を起業するまでの20代の約10年間、大工として家の解体・修繕を経験しました。正確に数えたことはありませんが、100棟くらいこなしたと思います。

「こんなにメンテナンスにお金がかかるとは思わなかった」

「耐震をちゃんとやればよかった」

「こんなに耐久性が低いなんて」

「うわ〜、カビカビだ」

「冬、底冷えするんだよね」

解体・修繕をしているとき、横で見ているお客さんが、そう後悔するのを何度も耳にしました。

壁を開けてみたら、柱が途中で切れていて、土台まで届いていない。

図面上では筋交いが入っているのに、見当たらない。

外壁をめくったら、シロアリに食われて土台がすべてなくなっていた。

私は、こうした家を散々見てきました。

配管をコンクリートに埋め込んでしまっていて、更新できないのは昔の家ではよくあること。水道メーターがクルクルまわっているけど、どこで漏水しているかわからない、というトラブルから発覚するパターンです。

経年劣化のものもあれば、明らかに手抜き工事のものもあります。

壁を開けてビックリ、というのは解体・修繕のあるあるです。こうしたトンデモ建築は決して珍しくありません。

「ちゃんとした家を建てる仕事をしたい」

次々とひどい家を目の当たりにし、お客さんの後悔の言葉を耳にして、私はそう心に誓いました。

私は小学生時代から理屈っぽいとまわりから言われていました。先生が言ったことでも筋が通らなければ「それはおかしい」「納得できない」と言ってしまう子どもだったのです。

この性格は大工時代も変わりませんでした。自分でおかしいと思ったとき、先輩や社長に「それは違うと思います」とはっきり言ってしまっていました。理屈の通らないこと、自分が納得できないことはやりたくないのです。

一方で、数は少ないながらもいい家も見てきました。

30～40年経ってベコベコになってしまったフローリングをよく交換したものですが、無垢《むく》の木が張ってある床で修繕が必要なケースは一度も見たことがありません。無垢の木は、経年変化はありますが、傷みにくいのです。いいものを使えば、長持ちするわけです。

30年、40年経つと家がどうなるのか、私は散々見てきました。私は答えをカンニングしたうえで、家を建てているようなものなのです。

第5章

よい建築会社を見抜く11の質問

『3・0の家』を建てられる会社とは？

家づくりで最大のポイントになるのがビルダー選び。地元の工務店にするか、それとも大手ハウスメーカーにするか。迷いに迷うはずです。

本書を手に取り、ここまで読み進めてきたあなたなら3・0の家に興味があることでしょう。

それでは、どのビルダーでも3・0の家を建てられるのでしょうか？

そう簡単にはいきません。私自身、3・0の家を建てるために工法や部材などの比較検討を続けてきました。

建材メーカーが「燃えない」「火災に強い」と言う材料があれば、私は実際に燃やしてみます。

本当にカタログのデータ通りの性能が出るか、徹底的に疑うのです。

こうしてたどり着いた現時点での答えがＷＢ工法やコーチパネルの採用です。

しかし、家づくりには答えはありません。

もっといい家づくりはできないか。今でも試行錯誤を繰り返しています。家づくりは、依頼するビルダー次第。そこで、3・0の家を建てられるビルダーかどうか、ビルダーに質問すべき11の質問ご紹介していきます。

Q1「長期優良住宅に対応していますか？」

国は今、つくっては壊すスクラップ&ビルド型から、つくったものを長く使う「ストック型」へと住宅政策の転換を進めています。「長期優良住宅」の認定制度を普及させようとしているのです。

長期優良住宅には次の3つの特徴があります。

1. 長期に使用するための構造と設備を使っていること
2. 居住環境への配慮を行っていること
3. 維持保全の期間・方法を定めていること

つまり、長持ちする家で住み心地がよく、維持保全計画が整っている住宅のことを指します。かつてはローンを返し終わる30年くらいと考えられていた居住のスパンを、これからは100年以上で考えていくのです。長期優良住宅を建てるにはコストがかかります。しっかりした構造で、劣化対策も充実した家をつくるのですから当然です。ただ、長期優良住宅は金利優遇を受けられたり、住宅ローン控除が増えたり、固定資産税が減額されたりといった措置があります。長期優良住宅で耐震等級3の家なら、地震保険も安くなります。都道府県が独自に長期優良住宅の優遇制度を設けているケースもあります。

長期優良住宅を建てる人は、さまざまな恩恵を受けられるようになっているのです。ただ、こうした優遇制度は変更されることがあるので確認してみてください。

ここで注意してほしいのは、住宅会社の中には「うちは長期優良住宅〝相当〟の家です」と言うケースがよくあること。「長期優良住宅の認定を受けるには、いろいろ書類をつくらないといけない。お金も40~50万円余計にかかる。もったいないから〝相当〟にしましょう。クオリティは長期優良住宅と同じです」というロジックですすめてくるわけです。

この誘惑には絶対に乗らないでください。

先ほど説明したように、長期優良住宅の認定に伴う各種優遇制度を使えば、50万円の支出くらいアッという間に取り返せます。それどころか、長期的には200万円くらい得します。

長期優良住宅に係る認定制度による認定実績

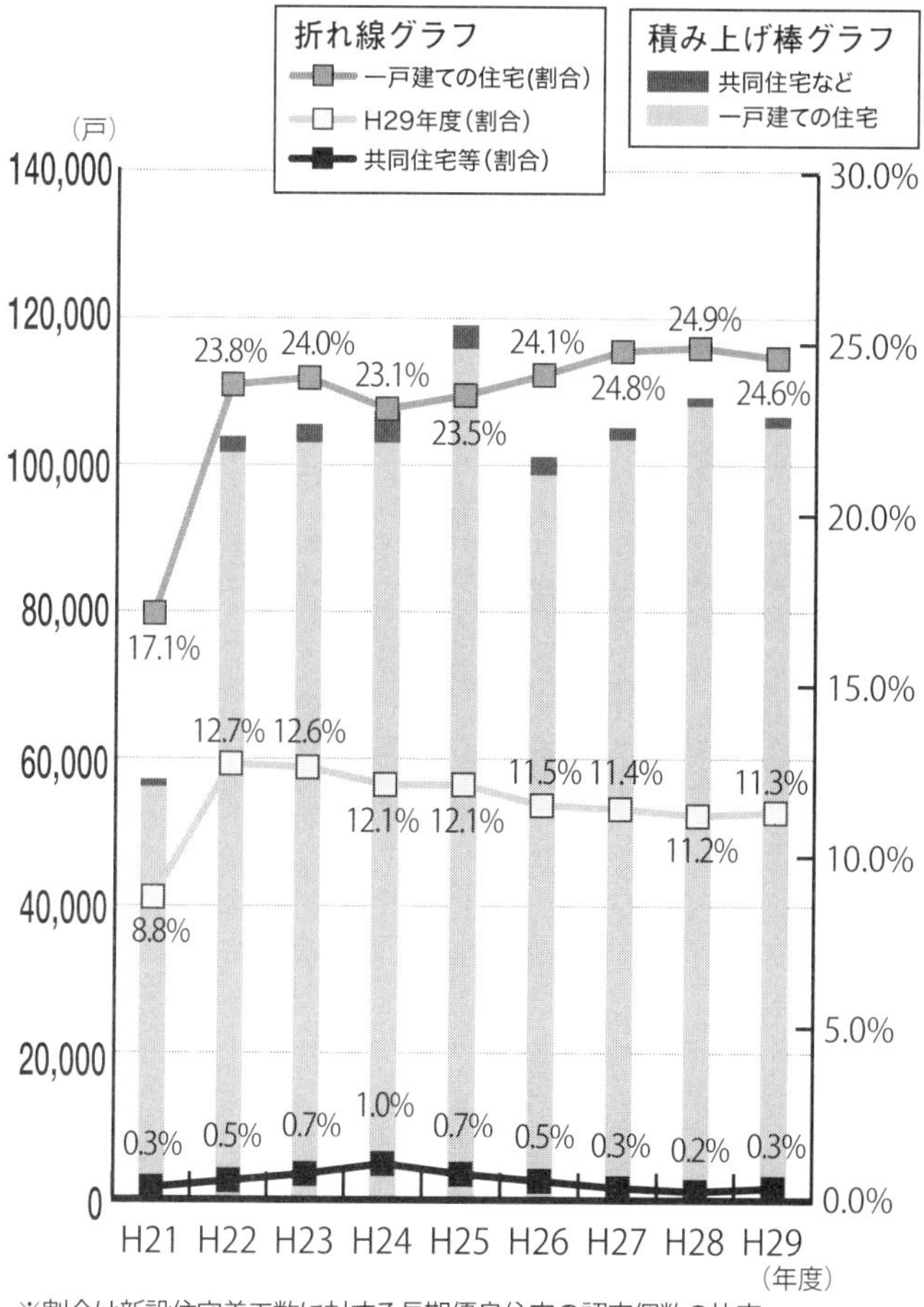

※割合は新設住宅着工数に対する長期優良住宅の認定個数の比率

※成果指標:新築住宅における認定長期優良住宅の割合を平成37年度に20%
(住生活基本計画(全国計画)(平成28年)

出典:国土交通省「長期優良住宅に係る認定制度の概要」より

さらには、もしも将来、家を手放すことになっても、長期優良住宅の認定を取っておいたほうが高く売れる可能性が高い。長期優良住宅と長期優良住宅〝相当〟では、市場価値がまるで違うからです。転売価値を考えても、長期優良住宅の認定を取っておいたほうが圧倒的に有利です。

耐震性能や維持管理性、劣化対策をきちんとやった家をつくっているのであれば、長期優良住宅の認定を取らない理由はありません。

国土交通省によると、新築の一戸建てのうち、長期優良住宅の認定を受けているのは24・6％（2017年実績）。2010年代は24％前後で推移しています。ということは、4分の3くらいの新築住宅は長期優良住宅ではありません。このため長期優良住宅を建てたことがない住宅会社もあります。

長期優良住宅に対応しているかどうかは、必ずチェックしてください。

Q2「耐震等級は3ですか？」

長期優良住宅なら安心かといえば、それでは不十分。というのも、長期優良住宅の耐震性能の認定基準は耐震等級2だからです。これでは震度7クラスの地震に繰り返し耐えられるかどうかわかりません。

家族の命を守るためには、耐震等級3は必須です。

ライフプランの観点から考えても、地震が何度来てもそのまま住めるということは、家族の命の安全につながるだけでなく、資産価値の保全にもなります。

耐震等級3の家を建てれば、ライフプラン上のコストやリスクを大幅に減らせるのです。

耐震等級3は最低ライン。プラスして構造計算すべきです。

Q3「夏涼しく、冬あたたかいですか?」

夏涼しくて、冬あたたかい家に住みたいというのは、誰もが願うことでしょう。

ひとつの答えは、高断熱で気密性の高い家をつくること。施工精度が悪くてスカスカの家では、夏はエアコンが効きにくく、冬のあたたかさも望めません。

ただし、断熱性が高い家は温度差が大きくなるため、壁の中が結露してしまうリスクが高まります。結露してしまうと、耐久性が低下してしまいます。その点、通気断熱のWB工法なら、形状記憶合金を活用して寒いときは気密性が高まり、暑いときは通気する仕組みになっており、結露しません。もちろん壁の構成に何を使っているかも大きく影響しますので、結露計算をして確認することも大切です。

断熱は「一般社団法人　20年先を見据えた日本の高断熱住宅研究会」（HEAT20）という団体の基準を参考にしましょう。外皮性能の「G2」という断熱基準がおすすめです。これも、長期優良住宅よりもさらに上の基準です。

第3章で触れたように、冬あたたかい家は、アトピー性皮膚炎やアレルギー性鼻炎、喘息、心疾患、糖尿病などのリスクを下げると考えられています。

ところが、ただ気密性と断熱性を高めればいいわけではないのが家づくりの難しいところ。近年、地球温暖化によって、夏の気温が40℃を超える地域が増えてきました。私が住む静岡も40℃を超えたことがあります。そうなると、高断熱にすればするほど、強い日射によって室内の温度が上昇し、熱気が外に抜けなくなってしまいかねません。

このため、これからの家づくりは日射遮蔽が大切です。

ただ、家のつくり方は、地域によって異なります。北海道の家と沖縄の家ではまるで違います。全国で画一的な家づくりは不可能です。

たとえば新潟では、静岡と比べると冬は晴れ間が少ない。冬は日を取り入れることができにくいのです。冬場の日射取得といって、南面に窓を大きく取って、日を取り入れて温度を上昇させるというのが静岡では正解です。しかし、新潟では、日射量が少ないのに大きな窓をつくると、熱が逃げてしまって逆効果になるかもしれません。

太陽や風といった自然エネルギーを最大限に活用して過ごしやすい室内環境を実現させるというパッシブデザインの考え方を地域に合わせて取り入れることが大切です。

その地域のことを熟知したビルダーかどうかを見極めましょう。

Q4「省エネの設備設計がなされていますか？」

国立研究開発法人建築研究所が「エネルギー消費計算プログラム」を公開しています。それによると、静岡の断熱地域区分6地域ではエネルギー消費量を80・7GJ以下にするというのが基準です。3・0の家ならば、その半分の40GJ以下になります。

3.0の家のエネルギー消費量 一次エネルギー換算した値(単位:GJ)

	設計一次	基準一次
暖房設備	6.3	13.4
冷房設備	5.5	5.6
換気設備	4.6	4.5
給湯設備	14.6	25.1
照明設備	4.4	10.8
その他設備	21.2	21.2
削減量	18.0	-
合計	38.7	80.7

平松建築のお客様の実データ474カ月分の光熱費　月平均9085円

設計一次　38・7GJ　1GJ当たり2800円の光熱費と想定すると38・7×2800円＝10万8360円（年間）÷12カ月　9030円となり、この実データとかなり近い数になります。

本当に省エネ住宅に取り組んでいるならUA値やC値より実データを取得して、検証したほうがいいのです。

省エネの性能にかかわる8つのポイント

住まいの省エネ性能にかかわるものは8つあります。それぞれについて簡単に見ていきましょう。

1．暖房

冷暖房負荷がどれくらいあるかによって、生涯の住居コストは大きく左右されます。

住宅関連の本では、よくUA値とQ値が解説されています。これは、外皮性能の数値です。細かい違いはありますが、UA値もQ値も外皮からどれくらい熱が逃げていくかという値です。

熱は、壁や窓からだけでなく、換気でも失われます。断熱も含めて、暖房効率を考えた設備にする必要があります。

長期目線で考えると、断熱性能によって70年間で300万円以上の暖房費の差が出てしまいます。

2. 冷房

冬場は、たとえば気温が5℃で室内を20℃にするとなると、15℃の差を埋めなければなりません。片や夏場は、気温35℃のときに室内を28℃にするには、差は7℃です。冷房は、暖房ほどエネルギーはかからないと今までは思われていましたが、2020年、静岡・浜松の最高気温は41・1℃。これからは冬と同等に夏の冷房エネルギーがかかるようになるかもしれません。

35℃以上のかなり熱い日は例外として、通風を上手に利用することで冷房エネルギーを削減できます。

日射遮蔽ができていない家で断熱性能を上げすぎると、熱気が室内にこもりやすくなる危険も。そうなると、冷房コストが上がったり、夜も室温が下がらず寝苦しくなったりします。単に断熱性能だけを上げればいいわけではないのです。

風の通りや日射遮蔽といったパッシブデザインの視点が欠かせません。

3. 換気

2003年に24時間換気が義務化されました。建材や家具から発生する有害な化学物質によってシックハウス症候群やアレルギー疾患に悩まされる人が急増したからです。

内外の温度差が大きい夏や冬に換気システムを24時間まわし続けるのは、エネルギーの浪費です。そこで、熱交換機能付きの換気システムというものがあります。これは、空気を入れ替えながらも室温や湿度の変化を抑える換気です。これを使えばエネルギーのロスを抑えられます。

内壁が透湿して通気するWB工法なら、24時間の換気は不要。24時間換気しなくていい大臣認定を取得している日本唯一の工法です。換気を止めても二酸化炭素濃度は厚生労働省の目標値である1000ppmを下まわる800ppm以下をおおむね維持できます。VOC（揮発性有機化合物）の完成時の測定で換気システムを止めた状態ですべての物質で基準値を下まわります。

4. 給湯

家の消費エネルギーというと冷暖房費を思い浮かべるかもしれませんが、これは静岡では3分の1程度。約3分の1は照明や家電、約3分の1は給湯が占めています。給湯機器の選定は本気でやらないといけませんが、一番簡単に省エネできる設備でもあります。

給湯は、エコキュート一択です。

さらに、節水機能が高い機器や高断熱浴槽を使いましょう。

節水機能が高い機器とは、手元で止水できるシャワーや、お湯と水の切り替えが明確にわかる混合水栓などです。必要のないときに無意識にお湯を使ってしまうのはムダです。

今は高断熱の浴槽は当たり前になりました。お風呂のフタも、かつてはペラペラでくるくる巻けるものでしたが、今は厚みのある保温効果の高いものが主流です。

これらによって、大幅なエネルギー削減が可能。給湯は省エネの急所です。

5. 照明

照明エネルギーを削減するためには、LED照明を積極的に選択しつつ、調光機能や人感センサーを採用し、必要なときに必要な量だけ照明を使うように設備を選定します。

設計の工夫によって、昼間は外光をうまく取り入れて照明エネルギーを削減します。

また、LEDは白熱灯の10倍以上、蛍光灯の3倍ほど交換サイクルが長いため、維持交換費用を抑えられることもメリットになります。

6. 調理機器

調理機器選びでは、ガスにするかＩＨにするか迷うかもしれません。

太陽光発電システムを設置するなら、ＩＨを選んで電気を自家消費するほうが省エネと家計の両面で合理的です。ガスの感覚で料理をしたい場合はスーパーラジエントヒーターという電気調理機器がおすすめです。オール電化でも太陽光発電のパワーコンディショナーが全負荷型というものなら発電中は調理ができますし、蓄電池という手もあります。

ガス調理機器の場合、光熱費が上がる可能性があります。

7. 家電

環境省が省エネ製品買換ナビゲーション「しんきゅうさん」というサイトを運営しています。これを使うと、家電を買い換えることによってどのくらいエネルギーや家計負担が削減できるかを計算できます。

新築のタイミングで家電を買い換えれば、引っ越しコストを抑えられます。全体の資金計画との兼ね合いで、余裕があるなら省エネ性能の高い家電に買い換える検討もしておきましょう。

設計上の工夫でできることは、冷蔵庫の設置場所に空間的な余裕を持たせておくこと。冷蔵庫は基本的にドア面以外のすべての面から放熱しています。空間に余裕を持たせて設計することで、熱がこもりにくく、余分なエネルギーを使わないようにできます。

8. 太陽光発電

売電単価がどんどん下がってきましたが、普及に伴って設置価格も下がってきました。省エネや家計、さらには災害対策など、トータルで考えると太陽光発電は大きなメリットがあります。

ただ、注意点は、住宅会社によって太陽光発電システムの設置価格が大きく異なること。私が２０１３年に自宅を建てたとき、太陽光発電システムの値段はシステム容量１ｋｗあたり35万円でしたが、今は20万円を大きく下まわっています。

ところが、最近耳にした情報では、いまだに１ｋＷあたり30万円くらいで売っているハウスメーカーがあるようです。たとえば10ｋＷの太陽光発電システムを載せるとき、通常なら200万円以下ですむのに、300万円もかかってしまうわけです。

太陽光発電システムの設置費用は必ずチェックしましょう。

Q5「病気を予防する家になっていますか?」

室温と病気の関係についての研究は進んできました。断熱グレードが高いほど、アトピー性皮膚炎やアレルギー性鼻炎、喘息などの症状が改善することがわかってきました。

第3章で述べたように、断熱性能が高いと1世帯当たり年間2万7000円程度の医療費削減が見込める計算になります。

また、空気の質や結露対策などが万全な家づくりかを確認しましょう。

Q6「長く住んでも、家の価値は下がらないですか?」

単純に考えてみてください。

30年くらいしか持たないローコストな家を2000万円で建てたとします。維持費やローン金利などを無視して単純計算すると、２０００万の家に30年間住むと、年間66・６万円の負担です。

一方、３０００万円かけて70年持つ家を建てれば、年間42・９万円の負担です。

建てるときの１０００万円の差は大きく感じるでしょう。これは日本の平均年収の２倍以上です。しかし、長い目で見れば、いい家を建てたほうが安上がりです。それも、想像する以上の逆転劇です。

「いや、70年も住まないよ」と思う人もいるでしょう。たとえば40歳で建てて、80歳まで住んで売却して、都心のマンションに引っ越したとすると、住む期間は40年。「40年住めればいいよ」と考えるかもしれません。

ちょっと待ってください。

40年後に売るとしても、すでにボロボロの家と、あと30年持つ家では、転売価格がまるで違います。転売価格が高ければ、老後、いいマンションに引っ越せます。

ずっと住むにしろ、転売するにしろ、少し高くても長持ちする家を建てるほうが金銭的にもメリットがあるのです。

シロアリが来ない。結露しない。雨漏りしない。何回地震が来てもへっちゃら。そうした家を建てれば、建物の価値が下がりにくい。

加えて、将来の転売を想定して立地条件のいい土地に建てれば、資産価値を長く維持できます。

Q7「品質チェックの体制は整っていますか？」

家づくりのルールは建築基準法で定められています。

しかし、建築基準法が定めているのは、家づくり全体のわずか9％。

「建築基準法を守っているから安心です」と言われても、それはたった9％の話。残りの91％は建築基準法でカバーされていません。

次に瑕疵《かし》担保責任やフラット35にもとづく指針で定められている領域が38％。

家づくりに使う部材の施工要領書などで定められているルールが12％です。

これらを合わせても59％。

ということは、それ以外の41％はルールのない無法地帯です。

家づくりの約4割は、現場監督や職人の経験と勘に頼っているということ。これでは質の高い家は建てられません。ましてや3・0の家など望むべくもありません。

それではどうすればいいのか。品質チェックを徹底するしかありません。しかも、自社のチェックだけでは足りません。自分の会社の品質を自分たちでチェックすると、どうしても甘くなってしまう部分があるからです。

3・0の家をつくるためには、第三者機関の監査を入れる必要があるのです。

今、全国に工務店は5～6万社あるといわれています。コンビニエンスストアの数が約5万6000店なので、それと同じくらい工務店があるのです。

私の会社が品質監査を依頼している株式会社ネクストステージによると、施工基準や品質仕様をそもそも保有すらしていない工務店が86%にも上るそうです。

一応つくっているけれど使っていない工務店が12%。

そうすると、施工基準や品質仕様をつくっていて、それを守っている工務店はわずか2%しかないということ。

つまり、施工や品質の基準が明確で、それをきちんと守る仕組みがある工務店は上位2%だけなのです。

98％の工務店は、施工基準や品質向上のシステムが機能していません。

ＰＤＣＡが大事だということは誰もが知っていますが、現場で実践している会社はわずか２％しかないのです。世の中に欠陥住宅がどれだけあるか想像できます。

いいかげんな家を建てている会社は、いつの間にかなくなっているものです。なぜなら、建てれば建てるほど質の悪い家ができて、顧客からクレームが殺到するからです。悪い噂が広まると、見込み客の２人に１人が買ってくれていたのが、３人に１人、４人に１人、５人に１人と減っていき、集客コストが何倍にもなり、経営がどんどん悪くなります。だから消えていくのです。

しかし、消える前の段階でその会社に依頼してしまっては大変なことになってしまいます。必ず品質管理方法を聞いてみてください。これに答えられない会社は、家づくりを頼むに値しません。自社のチェックだけでなく、第三者機関のチェックを受けているかどうかを確認してください。

もし「ちゃんとチェックしていますよ。これまで施工不良の問題が発生したことはありません」という答えが返ってきたら要注意。

私の会社では、第三者機関のチェックも入れていますが、それでも引き渡しのあと、ミスが発覚することがゼロではありません。

「いい職人をそろえていますよ」という答えもダメ。「うちの職人はイマイチですよ」などと言う会社があるわけありません。それに、どんなにいい職人でもミスゼロはありえません。

Q8 「家のデザインは最適化されていますか?」

設計というと、まず見た目のよさや間取りが頭に浮かぶかもしれません。

しかし、どんなにデザインセンスにあふれていても、冬寒ければいい家とは言えません。

間取りが理想通りでも、耐震性が低くてはいい設計とはいえません。

パッシブデザインをふんだんに取り入れているけど、漏水しやすそうな仕上がりということもあります。直下率や耐震性を考えると、なるべくシンプルなデザインのほうがいいと私は考えています。あまり深く考えていない家ほど不必要にカクカクしています。

設計で大事なのは、全体をバランスよく最適化していること。ライフプランの観点から設計するのが大事です。

どんなにデザイン性がよくても、価格が高すぎればライフプランを圧迫しかねません。

大切なのは、優先順位。

最優先が人生設計。あくまでもその中での家づくりです。それを絶対に忘れないことです。

次に命を守るための耐震性能や長持ちのための結露対策を徹底したうえで、省エネやデザイン、住み心地を考えるべきです。

住み心地やデザインを最優先しすぎて、家の本来的な機能を犠牲にすると、長期的に大きなしっぺ返しがあります。

本質的な価値を考えましょう。

丈夫で長持ちで維持管理しやすいか？

光熱費が少なくすむか？

家事がしやすいか？

老後にも対応した間取りになっているか？

夏涼しく、冬あたたかいか？

結露しないか？

カビが生えたり、ダニが発生したりしないか？

健康的に住めるか？

長い目で見ると、こうしたことが重要です。

たとえば老後に対応した間取りでは、1階だけで生活できるつくりにしたり、車椅子の経路を確保したりするといったやり方があります。ただし、やりすぎは禁物。車椅子のことばかり考えると、ほかが圧迫されてしまいます。

間取りの可変性とは、たとえば子どもの人数が確定していなければ、子ども部屋をあとから仕切れるようにしておくというやり方があります。

Q9 「50年後もアフターフォローしてくれますか？」

家は建てて終わりではありません。定期点検が必要です。私の会社では、6カ月、1年、2年、5年、そしてその後は10年、15年と5年ごとに点検します。

5年、10年住んでみると、ライフステージの変化に伴ってリフォームのニーズが生まれることがあります。そのときは、家をつくった人に頼んだほうが安心でしょう。家のどこがどのようになっているのかわかっているからです。

リフォーム業者は、新築ビルダー以上に玉石混交。悪徳業者やレベルの低い業者が存在しています。私自身が大工時代に数多くのリフォームを経験しましたが、リフォームは一筋縄ではいきません。壊してみないと壁の中がどうなっているのかわからないからです。

どんな家のリフォームにも対応できるような高いスキルを持つ人材が、どのリフォーム会社にもいるわけではありません。その点、自分たちの会社が建てた家のことなら精通しています。家を建てた会社に頼めば、悪徳業者にだまされる心配もありません。

将来のことを考えると、50年経ってもアフターフォローしてくれる会社を選ぶべきです。

ちなみに、家を建てた会社にリフォームを頼む率が16％くらいしかないそうです。84％は他社にリフォームを頼むというのです。このことは、新築のときのでき具合に満足していない建て主がいかに多いかを表しています。

Q10 「土地探しから引き渡しまでスムーズですか？」

家を建てるのは、お金がかかるだけでなく、労力もかかります。

たとえば、土地探しのための不動産会社まわりは骨が折れます。家具もそろえなければなりません。いろいろな業者とつき合っているだけでヘトヘトになってしまいます。

その点、土地探しから設計、工事、引き渡しまで、ワンストップで対応できるビルダーなら安心です。

土地探しのために、信頼できる不動産会社とのパイプがあるか？

こだわりの家具をフルオーダーで対応してもらえるか？

腕のいいエクステリアの会社を紹介してもらえるか？

ビルダーが自社内では対応できない領域について、外部とのネットワークがあるかどうかが肝心。顧客の未来を最優先に考えて、ネットワークを駆使してワンストップで対応してくれる会社に頼みたいものです。

良心的に対応してくれるかもポイント。たとえば、住宅会社を通して外構業者に依頼すると、15％くらいのマージンを取られるのが一般的です。１００万円の外構工事なら、87万円が外構業者の取り分で、13万円が住宅会社の取り分といった具合。自分で直接外構業者に頼めば87万円ですむわけです。こうしたことをきちんと説明してくれるのは良心的な会社です。

Q11 「自己資本比率は30％以上ですか？」

マイホームを建てている途中でビルダーが倒産してしまったら、建て主は途方に暮れることでしょう。前払い金を失ったり、追加費用がかかったりする可能性が高いからです。

そうならないように、「住宅完成保証制度」というものがあります。これは、ビルダーの倒産などによって工事が中断した場合、前払い金の損失や追加工事の費用を一定割合で保証したり、工事を引き継ぐビルダーをあっせんしたりする制度です。

この住宅完成保証制度に入っているというのは確かに安心材料ではあるでしょう。

しかし、私の会社は入っていません。

それはなぜか？　よほどのことがない限りつぶれない経営体質を築き上げたからです。

そもそも、建て主からすれば、つぶれる可能性がある会社に家づくりを頼まないほうがいい。

それではつぶれにくい会社をどうやって見抜けばいいのでしょうか。

着目すべきは「自己資本比率」が高いかどうか。

自己資本比率が高いとは、借り入れへの依存度が低いということ。借金まみれの会社よりも、借金が少ない会社のほうが余力があってつぶれにくいといえます。

自己資本比率の目安は30％以上あること。

大きな会社なら安心かというと、そんなことはありません。過去には、経営が行き詰まって産業再生機構の支援を受けた大手ハウスメーカーもあります。大きな会社だからといって、自己資本比率が高いとは限りません。大手企業は零細企業よりは安定していますが、だからといってつぶれないわけではありません。

家を建てているときはつぶれなくても、完成したあと、しばらくして倒産してしまうビルダーもあるでしょう。そうなると、アフターサービスを頼めません。

安心して家を建てて、安心してそこに暮らすために、自己資本比率が30％以上のつぶれにくい会社を選びましょう。

そうはいっても、全部できている会社はない!?

11のチェックポイントを挙げましたが、すべてクリアしているビルダーはほとんどありません。品質チェックができているという1項目だけでも、2%のビルダーしかクリアしていないのですから。

まずビルダーのホームページをチェックすれば、どれくらいクリアしているか、ある程度はわかります。たとえば構造計算している工務店の多くは、そのことをアピールしています。

11のチェックポイントをすべてクリアしていなくても、質問してみて真摯に答えてくれる会社なら信頼できると思います。

「構造計算はやっているけど、第三者機関のチェックは受けていない」
「ライフプランづくりはやっていないので、別料金でファイナンシャルプランナーに頼まなければならない」

といったように、できることとできないことを明確に答えてくれるビルダーは良心的です。

これらの項目を参考に質問してみて、露骨に嫌な顔をするビルダーは問題外です。

家づくりは個人の好みもあります。このリストを参考にして、自分に合うビルダーを探してください。

「社員や取引先の人も、御社で家を建てていますか？」

世界を代表する自動車メーカーであるトヨタ自動車の社員たちは、当たり前のようにトヨタ車を愛用しています。ソニーの社員たちはソニー製品に誇りを持っています。

社員たちが自社の製品にプライドを持っていれば、迷わず自社商品を使うことでしょう。

これは、家づくりも同じこと。自社の家が本当にいいものだと思っていれば、社員たちも自社で家を建てるはずです。

私の会社のスタッフが家を建てるときは、１００％うちで建てています。逆に、もし、うちの会社のスタッフがうちを選ばずに他社で家を建てたら、私はあまりのショックに寝込んでしまうことでしょう。もちろんどこで建てるのかはスタッフの自由なのですが。

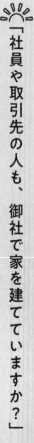

うちのスタッフは10人ほどですが、このうち私を含めて7人が自社で家を建てました。この中には、もともと私の会社のお客さんで、家を建てたあとに入社した社員もいます。

取引のある外構屋さん、材木屋さん、建材屋さん、足場屋さんなども私の会社で家を建ててくれました。こうした取引先からの紹介されたお客さんの家もいくつも建てました。建築関連のプロの業者さんたちは、数多くのビルダーとつき合っています。それなのに、うちを選んでくれているのはありがたいことです。

「自社で建てた社員の家を見せてもらえますか?」

ビルダー選びのとき、そう聞いてみてください。自分が建てた家に自信があるビルダーなら、喜んで見せてくれるはずです。

さらには、お客さんの家を見せてくれるケースもあるでしょう。お客さんが見学させてくれるということは、暮らしてみて満足度が高く、ビルダーともいい関係を保っていると考えられます。

モデルハウスを用意しているビルダーもあるでしょう。しかし、モデルハウスは小さめのベッドを入れて部屋を広く見せるなどの工夫をしていることがあります。モデルハウスは住むための家ではなく、あくまでも売るための家であることに留意してください。

ビルダーに頼むときは、モデルハウスではなく、実際に暮らしている家を見せてもらいましょう。

第6章

幸せを生むワンストップの家づくり

住む人が幸せになるワンストップの家づくり

お菓子の家、風船でできた空飛ぶ家、キャンピングカーのようにタイヤが付いていて動く家……。

子どものころ、「大きくなったらこんな家に住んでみたい」と空想したことはありませんか?

大人になると、さすがにお菓子の家や風船の家に住むのはムリだということはわかってきますが、それでも自分の夢をたくさん詰め込みたくなるのがマイホームです。

家づくりはその人の人生に寄り添うことだと私は考えています。

だから私は「どんな家に住みたいか?」はもちろんですが、「その家でどう暮らしたいのか?」を徹底的にヒアリングします。

それも、建て主一代限りではなく、お子さんの世代のこともじっくり聞くことにしています。

なぜなら、私が大事にしているのが「ワンストップの家づくり」という手法だからです。人生設計に始まり、お金や健康についてまで、家を建てる会社はすべてに真摯に向き合わなければなりません。

そのためには、最初から最後まで、一貫して寄り添っていくワンストップサービスが不可欠だと考えています。

ワンストップで家づくりが進行すれば、すべての工程をひとつのビルダーが責任を持って担当するので「途中分断」がなく、責任の所在も100％明確になります。

これこそが、お客さんにとっての理想の家づくり、つまり「夢の家」に近づくことだと私は考えています。

家づくりは、マイホームを手に入れるのが目的ではなく、あなたとあなたの家族が幸せになるための手段なのです。

いい家づくりはライフプランづくりから

家づくりというと、建物を思い浮かべる人が大半です。

しかし、私はその前の段階のライフプランづくりにすべてを賭けているといっても過言ではありません。

私は、お客さんの家づくりを始めるとき、最初にライフプランを作成します。家を建てるべきかどうか、私たちが相談に乗るべきかどうか。ライフプランをつくれば見えてきます。

私の仕事は、建て主の理想の家づくりをお手伝いすること。しかし、ライフプランをつくってみて、家を建てるといずれ家計が破綻することが明らかだとしたら、私は家づくりをすすめません。

「現金が３０００万円あるので、これを元手に家を建てたい」というケースを考えてみましょう。３０００万円も手持ちの資金があれば、さすがに家を建てられると思うかもしれません。

ところが、ライフプランをつくってみると、落とし穴が見つかることがあるのです。

家を建てたあとの収入や貯金をトータルで算出していくと、20年後に資金が尽きて完全に生活が行き詰まる、というのが見えてくることがあります。ライフプランをつくってみると、新築の家を建てるよりも、中古住宅を購入してリノベーションしたり、賃貸住宅に住み続けたりしたほうがいいことがわかるケースもあるのです。

ライフプランづくりなくして、家づくりは始まりません。

理想の家づくり13ステップ

それでは、ワンストップによる理想の家づくりの流れを見ていきましょう。

1．本社がモデルハウスのワケ

家の見学というと、モデルハウスが頭に浮かぶでしょう。モデルハウスは、人が住んでいる家ではありません。売るためのモデルですから、見栄えがよくなるように工夫されています。

私は、実際に住んでいる家をお見せしています。自分の家や社員の家、場合によってはお客さんの家も見てもらいます。

私たちが建てた家での暮らしは実際にどうなのか、きちんとお見せするようにしています。

2．いい会社はいい返済プランを立てる

マイホームの購入を考えている方は「返済比率」という言葉を目にしたことがあるでしょう。どれくらいローンを組めるかを考える目安として返済比率が用いられます。

返済比率とは、年収に占める年間返済額の割合。

式にすると

返済比率（％）＝年間の返済額の合計÷額面年収×100

「返済比率は年収の20％が目安」といわれることがあります。たとえば、年収500万円の人が年間100万円をローン返済していれば、返済率は20％です。

この返済比率、ハッキリ言ってなんの意味もありません。

というのも、ライフプランを無視した数字だからです。同じ年収500万円だとしても、子どもの人数やマイカーの有無、余暇の使い方、貯金額などによってライフプランは異なります。

3・0の家を建てた場合と、そうでない場合では、毎年の金銭的な負担も大違い。返済比率だけでは何もわかりません。

大切なのは、人生をトータルで考えること。家に人生すべてをつぎ込むわけではないからです。

年収とローン返済額だけでなく、光熱費や家のメンテナンス費、耐用年数などをすべて勘案してライフプランをつくらなければ、未来のことは見えてきません。

返済プランのベースとなるのは、あくまでもライフプランです。

ライフプランを捏造《ねつぞう》する会社があることにはすでに触れましたが、返済プランもライフプランもよく見せようと思えばできてしまいます。

大切なのは、収入はそんなに上がらないと悲観的に見ておくこと。収入は少なめに、支出は多めに。そのように見通して、それでも成り立つ返済プランを考えるべきです。余裕をもって返済できるかシミュレーションしていきましょう。

3．住宅ローンの事前審査はビルダーに頼む

大多数の方は、銀行からお金を借りて家を建てることになります。家づくりの話が進んでから、やっぱりローンを組めなかったという事態を避けるために、いくらまでお金を借りられるか把握する必要があります。

そのために申し込むのが住宅ローンの事前審査です。

この事前審査を自分で申し込むのはおすすめしません。面倒くさいからです。「見積もりは？」「住宅会社は？」「どこの土地？」「計画書は？」といったことをすべて自分で記入しなければなりません。場合によっては、銀行や不動産会社、住宅会社をたらいまわしにされます。

住宅会社が代行してくれるなら、頼んでしまったほうがいいでしょう。

ただ、住宅ローンは枠いっぱいまで借りればいいというものではありません。あくまでも上限を知るための事前審査です。

ローンを借りるとき、上限には2つあることに留意してください。

ひとつは、銀行が設定する借り入れの上限。これ以上のお金は貸してもらえない、というものです。

もうひとつは、ライフプラン上の上限。銀行が「5000万円まで借りられるよ」と言ったとしても、ライフプラン上の上限が4000万円ならば、5000万円借りると家計が破綻してしまうおそれがあります。

金融機関の視点は「返してもらえるかどうか」。借り手の人生のことなどお構いなしです。借りられる額と返せる額はイコールではないということを忘れないでください。

4．資金計画を立てる

ライフプランをつくれば、おのずと資金計画が明確になります。

資金計画の注意点は、抜け漏れが非常に多いこと。引っ越し費用から家具、家電まで、家づくり以外にかかる費用も漏れなく含めましょう。

さらに、火災保険もただの火災保険ではなくて、水災や風災などのオプションを含めた予算を盛り込みます。

総額をきちんと把握するために、住宅会社に対して「これ以上かかるものは本当にないですか？」と確認しましょう。

5．譲れない部分を明確にする

お金を切り口にした人生のプランを明確にしたら、次は家のこだわりを洗い出していきます。

ここでポイントは、土地を決める前に家づくりの要望を明確にすること。そうしないと、土地選びの基準がぼやけてしまうからです。

私の会社では、ヒアリングシートに新しい暮らしの要望などを書いてもらいます。ヒアリングシートは20枚くらいで、駐車場の台数、庭が欲しいか、家族構成、アイロンを使うか、家相、外観・内観、リビングで何をするかといったことを、わかる範囲でかまいませんが、かなり詳細に書いてもらいます。ヒアリングシートに書いていくと、ぼんやりとした要望が明確になっていきます。

「こういう生活をしたい」というイメージを先に書いておいてもらうと、土地を見に行ったときにまっさらなところでも家をイメージしやすくなるのです。たとえば「ウッドデッキでコーヒーを飲みながら本を読みたい」という希望があるなら、デッキをつくるために日当たりを確保できる土地を探す、といった具合に逆算できます。

土地探しの手前の段階の事前準備をそこまで進めておけば、土地探しが非常にスムーズになります。

料理でいえば、下ごしらえ。きちんと事前準備しておくのが大事です。そのうえで土地探しをしましょう。

6．土地探しもビルダーと一緒に

土地はビルダーと一緒に探すことをおすすめします。個人で探すと、不動産会社によい土地情報を出してもらえない可能性があるからです。

不動産会社にとって、戸建の土地を探している個人客は一見さんにすぎません。ほとんどの人にとって、土地を買うのは一生に一度。しかも、不動産会社と個人客では不動産の情報格差が激しい。不動産会社からすると、リピーターになってもらう必要のない売って終わりの客が、情報もなく大金を持ってやってくるわけです。

片や私たちビルダーは年に何度も取引するリピーターです。私は土地の売り手のことしか考えない不動産会社とはそもそもつき合いません。

私の場合、建て主の要望や予算を踏まえたうえで、条件に合う土地を不動産会社に10物件くらい出してもらいます。

私がよくやるのは、建て主に本社に来てもらって、グーグルマップのストリートビューの3D画像で候補の土地をチェックするというもの。住宅地かどうか、災害のリスクはないか、日当たりはどうかなどは、現地に行かなくてもある程度はわかります。

こうして3物件くらいにしぼってから、建て主と一緒に現地に行きます。

そうすると、「ここで道路に接しているなら、ガレージはここで、玄関はここ」「冬はこのあたりは日陰になるから倉庫にして、日当たりのいいほうをリビングにしよう」「ここを庭にして、植栽をして、窓を大きくするといい感じ」といったように、土地を見ながらイメージできるように提案できます。そこまでやると、土地購入で失敗しません。

ただ、地中に廃棄物が入っていて撤去費用が余計にかかったり、地盤の改良が必要だったり、擁壁が古いのでつくり直さないといけないといったケースが稀にあります。そもそも擁壁が高い土地はあまり買うべきではありませんが、こうしたことを不動産会社がすべて話してくれるとは限りません。だからこそ、土地を買うときはビルダーと一緒に行ったほうがいいのです。

最終的な決め手は建て主の「直感」です。

建て主がひと目で「いいな」と思わない土地は買わないほうがいい。建て主が首をかしげたら、何かあります。決まるときはパッと決まります。

7．パッシブデザインの図面をつくる

その敷地をどういうふうに生かしていくか。敷地調査を踏まえて建物のプランを練ります。

まずは駐車場の位置。それから建物の配置や庭を決めていきます。日当たりや風通しな

どを考えたパッシブデザインにするわけです。これは、地元の気候を熟知したビルダーに頼む醍醐味でもあります。

さらに、どこに見せ場をつくるのか。庭があるなら、どこかに植栽して見せ場にして、そこに対して開けた間取りにすると、窓の先が緑になって、中の生活が豊かになります。

8. 見積もりは、パーツ別の明朗会計

私は、見積書は、パーツ別に詳細につくっています。

「一式」と書かれていて、詳細がわからなかったり、仕様書が添付されていなかったりする見積書は要注意。ビルダーは部材ひとつひとつの値段を積み上げて見積書を出しているはずです。詳細な見積書を出してもらいましょう。

「あとで追加になるものはありませんか？」と確認するのも忘れずに。

9. 本契約

詳細がわかる見積書をつくって、プランも価格も大きく動くことがなくなったら、いよいよ本契約です。

契約書の内容は、事前に送ってもらうこと。住宅会社にとって都合がいいように書かれていることもあるので、事前にチェックして、不明点や疑問点は付箋を貼っておいて、契約のときに確認して納得したらハンコを押すようにしましょう。

10. 家づくりの過程を見に行く

私は大工時代、友人の手伝いで、大手のハウスメーカーの現場に入ったことがあります。そこは、お客さんと会うことが一切ない現場でした。職人がお客さんに余計なことを言って、トラブルになるのを避けるためだったようです。

そのときに実感したのが、お客さんの顔を見られない家づくりがなんてつまらないか。私は家をつくるのが好きだと思っていましたが、それよりむしろ家をつくってお客さんが喜ぶ顔が見たかったのだと気づきました。

ですから私の会社では、お客さんに遠慮なく現場に来てもらっています。職人とも話してもらっています。それが職人のモチベーションにもつながるからです。

安全には十分配慮してもらいながら、積極的に家づくりの過程を見てもらっています。それが建て主にとっていい思い出にもなるでしょう。

子どもがいるなら、ぜひ一緒に見に行ってください。きっと一生の思い出になるはずです。中には、それがきっかけで「大工さんになりたい」と言ってくれる子どもがいます。

私の会社では、家を建てるとき、建て主家族や職人の顔写真を玄関に貼るようにしています。建て主も、職人たちも、お互いに顔の見える関係を大切にするためです。

11. 上棟式は一生の思い出

「奥さんには言えんけど、結婚式より楽しかった」

私が独立して最初のお客さんは結婚したての友人でしたが、そう話していました。

上棟式は、自分の家でき上がっていくのが実感できる日。「見ていて面白いし、感動する」

とみなさんが言ってくれます。

地域の方々を招いて、昔ながらの餅まきをする建て主もいます。建て主や現場監督の目に涙がたまることも。

本当に感動的です。

一生に一度の家づくりの節目。

それまで図面という紙だったものが、具現化する日。

自分の家を建てるという感動とワクワク感があふれます。

そこにはドラマがあるのです。私は多くの家を建ててきましたが、自宅を建てたときの上棟式ではやはり感動しました。それが一生に一度の家づくりなら、なおさら感動するはずです。

「心を込めて建てます」

私は上棟式で工務店の代表としてあいさつするとき、そうお話しします。システムも大事ですが、想いも大事。両方合わさるといいものができるのではないでしょうか。

12. 傷はないか、図面通りかをチェックする品質検査

どのビルダーでも、家づくりの品質は現場監督がチェックしていきます。しかし、それだけでは不十分。私の会社では、第三者機関の監査を入れています。

さらに、女性スタッフにチェックに行ってもらいます。建築現場は男性中心ですが、男性が気づかないことを女性が気づくことがよくあります。

引き渡しの1週間前には、建て主の立ち会いのもと、傷がないか、ドアや窓の建て付けに問題はないかなど、建物の品質をチェックします。不具合がある場合は引き渡しまでに補修します。

13. 感動の引き渡し

上棟式と並んで感動的なのが、引き渡しのときです。

家づくりはお金もかかるし、手間もかかって大変です。だからこそ、自分のものになる瞬間はたまらないものです。

ただし、家づくりはこれで終わりではありません。

私は「2年後に完成です」とお伝えしています。

木造建築なので、木の含水率の変化などによってどうしても動きます。2年経って、冬と夏を2回ずつ越えると、木の具合が落ち着いてきます。そのとき、たとえばクロスの継ぎ目が出てしまうことも。そうした不具合があれば修正します。それで本当の引き渡しです。

快適＆お得に暮らすための「住む技術」

家の性能が同じでも、住み方によって住み心地や光熱費は変わってしまいます。

快適でお得に過ごすためのコツをご紹介しましょう。

◎夏の過ごし方

1．窓を開けて通風利用

夏場は窓を開けて風を取り入れれば涼しくなります。ただし、気温30℃程度以上、湿度60％程度以上のときは、窓を閉めてエアコンを使用したほうが快適です。

2．高窓で重力換気をする

高い位置の窓を開けておくと、上昇したあたたかい空気が逃げていきます。ただし、こちらも条件としては気温30℃程度、湿度60％程度までです。それ以上になったら窓を閉めて冷房に切り替えましょう。

3．エアコンを使用する

日本の夏は高温多湿です。湿度を下げたい場合、冷房の設定温度を大きく下げて、寒くなりすぎないように風量を弱にします。たとえば、設定温度を18℃にして、風量を弱にするといったように。

ぬるい空気をいっぱい送風するより、冷たい空気を少量送風したほうが湿度を取るには有効です。

4．シーリングファンを使用する

エアコンの冷たい空気は床にたまります。シーリングファンで空気を撹拌《かくはん》すると、比較的高い温度設定でも全体がバランスよく冷やされることで、体感温度が下がり快適に過ごせます。このため、ファンの風向きは下向きにしましょう。

シーリングファンの気流は、エアコンを使わない自然通風のときも有効です。

5．シェードなどを使い暑い日差しを遮る

室内に日射をなるべく入れないためには、シェードなどの日射遮蔽のアイテムが有効です。窓などに数万円であと付けできるものもあります。

理想は外側で日を遮ることです。それができない場合は東と西側の窓のカーテンを閉めて、日差しを直接室内に入れないことも涼しく過ごすための有効な手段になります。

◎冬の過ごし方

1．日中は南面の窓のカーテンを開ける

天気のいい日は、昼間は窓を閉じた状態でカーテンを開けて、日の光を入れて温度を上昇をさせましょう。光熱費をかけることなく室温を上昇させて建物に蓄熱させることが可能です。

2．夜間はカーテンを閉める

夜は、窓から熱が逃げやすい。日中に蓄熱したあたたかさを逃がさないためにも、日が落ちてからはカーテンを閉めましょう。

シャッターがついている場合はシャッターも閉めたほうが窓から熱が逃げにくくなります。

3．エアコンを使用する

エアコンは電気代がもったいないと考えがち。ところが実際は、オイルヒーターや電気ヒーターよりもエアコンのほうが効率的に部屋をあたためます。

4．シーリングファンを使用する

エアコンを使うと、あたたかい空気は天井付近にたまります。それをシーリングファンで撹拌して上下の温度差をなくすと比較的低い温度設定でも足元があたたかくなり、体感温度が上がります。

その際、気流を感じると体感温度が下がるため、ファンの風は夏とは逆の上向きにしましょう。

第7章

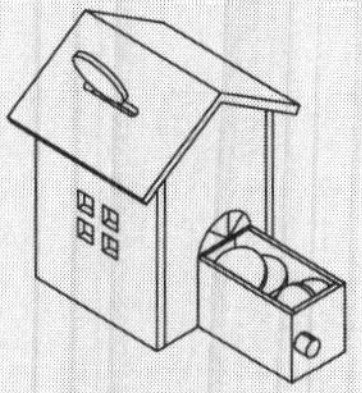

幸せは住む家で決まる

本章では実際に、当社で建てた家の実例を写真とともにご紹介していきます。

実例1 大型ガレージと秘密の収納がある家

クルマ2台分のガレージと隣接して、4畳ほどの趣味部屋があります。この趣味部屋にはガレージからそのまま上がれます。共働きなので、なるべく家事がラクになるような設計を工夫しました。

広々室内干しスペース

お風呂は2階で、広々とした6畳の室内干しスペースがあります。通気性のあるWB工法なので、室内干ししても湿気がたまりません。

◎施主様　プロフィール

夫婦（20代前半）
子ども1人

4LDK+ガレージ
+趣味部屋

39坪+ガレージ11坪

明るいリビング
南側の窓を大きく取って、日の光を取り入れています。

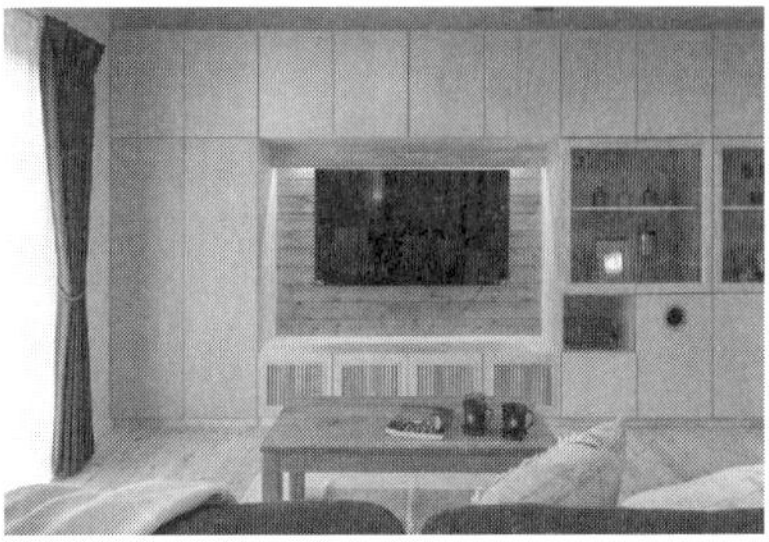

見せる収納と隠す収納
リビングの壁面収納テレビ台は、見せる収納と隠す収納との一体型です。

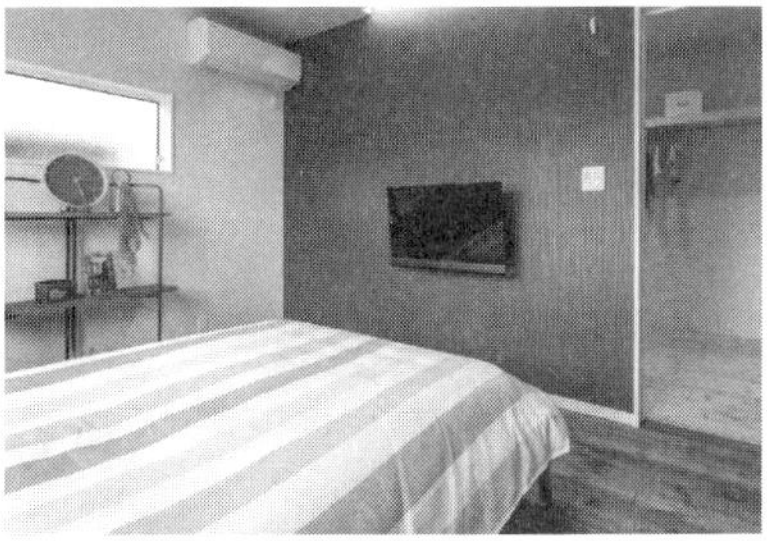

大容量のウォークインクローゼット
ベッドルームのわきには、広々とした秘密の収納部屋があります。

実例2 天気を気にせず買い物に行ける家

ガレージに隣接して玄関を配置。雨の日も、ぬれずに車を乗り降りしたり、荷物を積み下ろしたりできます。太陽光発電によってローンの返済をラクにするプランを提案しました。

玄関に腰かけ

玄関に低い台を設置して、腰かけて靴をはいたり、荷物を置いたりできるようにしています。

◎施主様　プロフィール
夫婦（20代後半）
3LDK+ガレージ
36坪+ガレージ7坪

ガレージを抜けた先に広がる庭

ガレージを抜けると、そのまま庭に出られるように配置しました。キャンプ用品やガーデニング用品などを庭に運び込みやすい導線になっています。

2Fからの採光でリビングを明るく

リビング上を吹き抜けにして、2階から光を取り入れています。冬に日が入る一方で、夏は日が入りにくいパッシブデザインです。

2階のスタディスペース

2階には、勉強をしたり、在宅で仕事ができるちょっとしたスペースとカウンターがあります。

実例3 大人シンプルなおうちリゾートの家

自宅で外構業を営むご主人とインテリアのお仕事をされている奥様のこだわりが詰まったシンプルなデザインの家。巣ごもり生活もなんのその。遠出しなくても、自宅でリゾートライフを楽しめる庭になっています。

シンプルな大人リビング

木のブラウンとアイアンの黒で統一したLDK。小窓の付いたキッチンカウンターはまるでおしゃれなカフェのようです。

◎施主様　プロフィール

夫婦（30代後半）
+小型犬３匹
３LDK+犬部屋+仕事部屋
45坪

造作だからできたこだわりの洗面台

造作の洗面台は見た目のおしゃれさだけでなく、使い勝手も抜群。生活スタイルを考えてつくった棚やカウンターは、家事や朝の支度の時間も快適にしてくれます。

仕事スペースと仕事玄関

自営業のため、自宅が仕事場。家と仕事部屋の玄関を分けて、プライベートと仕事の切り替えを明確にしました。

階段わきの収納スペース

2階の階段わきには広々とした収納スペースを配置しています。

実例4
ワクワクが詰まった子育てパン屋さんの家

奥様が子育てしながら自宅でパン屋さんを営むということで、小さなパン屋さんと一体型の住まいです。家事をこなしながらすき間時間に仕事ができるような設計を工夫しました。

パン屋さんの小窓
パン屋さんを営むための4.5畳のスペースと販売用のディスプレイを設計しました。

◎施主様　プロフィール

夫婦（30代前半）
子ども1人
３LDK+パン屋さん
38坪

**カフェ気分が味わえる
カウンターキッチン**
ダイニングは小上がりに。カウンター越しに会話もはずみます。

2階から日が差し込むスキップフロア
2階からリビングに日が差し込むようにスキップフロアがあります。

広々とした玄関
収納力抜群の家族用玄関。帰宅後に玄関で手を洗えるように工夫しました。

実例5 和の平屋の家

敷地が300坪と広大。平屋にすると北側まで日が入り込みにくくなるため、建物を横長にして、日をふんだんに取り入れるようにしました。太陽光発電システムの容量は28kWと、私が手がけた家では最大級です。

最短距離のキッチンとダイニング

キッチンとダイニングへの導線が短く稼働がラクになるように配慮しました。

◎施主様　プロフィール

夫婦（30代中盤）
子ども２人
３LDK+スタディスペース
39坪

古民家から引き継いだ建具

かつてこの土地には築100年くらいの古民家が建っていました。その建具を再利用しています。

子どもたちのスタディスペース

奥まった空間に集中できるスタディスペースを配置しています。

広々とした玄関と収納スペース

玄関わきには広々とした収納スペース。靴はもちろん、キャリーケース置き場としても便利です。

実例6 おうち時間をおしゃれに楽しめる家

周辺環境との兼ね合いから1階に日が入りにくいため、2階にキッチンやダイニング、リビングを、1階に仕事部屋や子ども部屋を配置しました。晴れの日は2階のバルコニーでくつろげます。

2階にキッチンとリビング

2階のLDKには南側に大きく窓を取って、日の光をふんだんに取り入れられるようにしました。

◎施主様　プロフィール
夫婦（30代中盤）
子ども1人
3LDK+仕事スペース
45坪

お店のようなＬ字型カウンター
まるでお店のようなL字型のカウンター。あたたかいお料理が出てくるのが待ち遠しくなります。

並んで勉強できるスタディスペース
棚も付いているのでランドセルの置き場にも困りません。宿題もチャチャッと片づきそう。

ログハウスみたいなウッドデッキ
バルコニーの下は、木に囲まれたあたたかい雰囲気のウッドデッキになっています。

実例7
リゾート気分で仕事ができる家

1階に事務所、2階のバルコニーには露天のジャグジー。仕事の疲れを自宅で癒せる遊び心満載の家です。光熱費は月1万円程度。冬に暖房をつけなくても室内は20℃くらいになります。

玄関からバスまで一直線
写真奥の玄関からキッチン、バスまで一直線になっています。このラインですべての家事が完結します。

◎施主様　プロフィール

夫婦（30代後半）
子ども２人

３LDK+土間＋仕事部屋＋屋上リビング

40坪＋事務所15坪＋ガレージ６坪

自宅併設の快適オフィス

リモートワークを前提にした設計によって、快適な仕事環境を実現しました。

土間と薪ストーブ

キッチンの隣には、広々とした土間と薪ストーブ。ピザも焼けます。

オープンジャグジー

2階にある露天のジャグジーでは、自宅でリゾート気分を味わえます。

実例8 快適さがあふれる暮らしやすい家

ご夫婦は仕上がりが美しい外観をご希望したことから、素敵なクリーム色の塗り壁に仕上げました。屋内は、落ち着いた雰囲気の中で家族が快適に過ごせる工夫を盛り込みました。

ウッドデッキの中庭
雑草抜きなどの手入れの必要がないように、中庭はウッドデッキにしました。

◎施主様　プロフィール

夫婦（30代前半）
子ども1人
３LDK+仕事部屋+ガレージ+大容量クローゼット+中庭
52坪+ガレージ７坪

広々とした玄関に手洗い場

家族が並んで座っても余裕のある玄関。子どもが帰ってきたら、玄関で手が洗えるようになっています。

シンプルな書斎

オリジナルのデスクと書棚のあるシンプルな書斎です。

ランドリースペース

洗濯して、干して、アイロンをかけて、という一連の作業をスムーズにできるスペースです。通気性のあるWB工法なので、部屋干しでも生乾きのにおいもなくサラッとしています。

実例9 見せる・見せない収納で「きれい」をつくる家

太陽光発電やWB工法により、家族3人で光熱費はわずか月7000～8000円。家計にやさしい落ち着いた雰囲気のデザインです。さまざまな場所に収納を配置して、スッキリ暮らせるように工夫しました。

リビングの壁面収納

リビングに容量の壁面収納を配置。扉が付いているのでゴチャゴチャ感のない仕上がりです。

◎施主様　プロフィール

夫婦（40代前半）子ども1人

４LDK+スキップフロア書斎＋中庭

59坪

スキップフロアにはワークスペース
スキップフロアにはワークスペースを設けました。在宅勤務も快適にこなせます。

中庭のウッドデッキ
中庭にはウッドデッキのテラスがあります。家族や仲間とBBQを楽しむこともできます。

高窓とシーリングファン
小さな窓を数多く配置して、光を取り入れるように工夫しています。さらに、空気を循環させるためにシーリングファンを設置しました。

実例10 好きをたくさん盛り込んだ家

多趣味な建て主の意向をできるだけ吸い上げて、本格的な防音ルームやキャンプ用品の収納などを配置しています。シンプルな中にも、遊び心をちりばめました。

本格的な防音ルーム
音の大きなドラムを叩いても外部に音が漏れないくらいクオリティの高い防音ルームです。

◎施主様　プロフィール

夫婦（30代中盤）
子ども1人
４LDK+防音室+土間+大容量外収納
48坪

土間に薪ストーブ

リビングに隣接して土間があり、薪ストーブを置きました。土足のまま通り抜けられます。

広々ポーチで雨でも快適

雨の日でも、ぬれずに出入りできる玄関です。

玄関の大容量収納

玄関には、大容量の収納を配置。たくさん靴を置けます。

収納力抜群の洗面台

洗面台のまわりにもたっぷりの収納を配置しました。

第8章

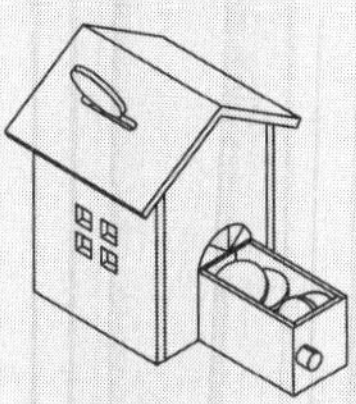

いい家づくりが地域を、日本を豊かにしていく

無気力だった学生が突然、家づくりに夢中に！

どうすればもっといい家をつくれるのか。

どうすればもっとお客さんに喜んでいただけるのか。

私は今、家づくりに夢中です。

しかし、私がずっと目的意識を持って生きてきたかといえば、そんなことはありません。

それどころか、私は中学から高校にかけて、とても無気力な状態でした。

中学2年までは、けっこう勉強が得意だったのですが、あるときから急にいろいろなことが面倒くさくなって、勉強しなくなってしまったのです。

当時はまったく気づいていませんでしたが、どうやら家の環境と私のメンタルは関係があったのかもしれません。というのも、中学時代に新しい家に引っ越してから、急に何もやる気が起きなくなったのです。精神的にも不安定になりました。お尻がひどいアトピー性皮膚炎になったのもこのころです。

中学卒業後、農業高校の生産流通科に進みました。といっても農業に興味があったわけではありません。単に家から近くて通学がラク、という理由で選びました。ですから、農業高校の勉強にはまったく興味を持てませんでした。

小学校時代はモノづくりが大好きでした。図工の時間が楽しみでしたが、高校になると図工という教科がありません。そもそも不真面目だったので、モノづくりが楽しいという気持ちすら忘れていました。

高校では勉強に身が入りませんでしたが、かといって卒業後にすぐ働く気もありませんでした。もう少し遊びたいという不純な理由で、職業訓練校の建築大工科に入りました。

この学校は1年制で、最初の半年間はノミ研ぎや座学ばかり。大工に興味がなかった私は授業をサボってばかりでした。

1年の後半になると1軒家を建てる実習が始まりました。プロの大工さんの指導のもと、お客さんが実際に住む家を建てるという実習です。いわば、美容室のカットモデルの家づくり版です。

この実習で、私の心に火がつきました。家づくりが楽しくて楽しくて仕方ないのです。そこから無遅刻無欠席になりました。前半は誰よりも不真面目でしたが、後半は誰よりも真面目になりました。ここで私が忘れていた「モノづくりが好き」という気持ちを取り戻したのです。不真面目なのが当たり前。やる気がないのが当たり前。中学2年からそんな5年間を過ごしてきましたが、それまでの自分をすべて吹き飛ばすくらい家づくりに夢中になりました。今日はどこをつくるのか。明日はどんな作業なのか。毎日が楽しくて仕方ありませんでした。

怒鳴られまくって心が折れた新人時代

職業訓練校を出た私は、工務店に就職して大工の修行を始めました。

大工の仕事は面白かったのですが、先輩大工はいじめてくる、初任給は月8万円くらいと安い、仕事はない。なんて暗くて未来のない業界だと思い、3カ月くらいで上司とけんかをして辞めました。

どうせ辞めたんだから遊んでやろうと、かつてのダメな自分に戻りそうなとき、職業訓練校時代の友人から「うちの会社の若い大工が腰を痛めて辞めたから、面接に来んか?」と誘われました。とりあえず面接に行くだけ行ってみたら、採用されたのです。

その会社は当時としては珍しく、大工を社員として雇っていました。この業界では、大工は社員ではなく、外注扱いが基本。大工の多くは個人事業主です。ところがその会社は社員として雇ってくれるだけでなく、給料も高めでした。大工が安定して働けるすごくいい会社です。

その会社では、家づくりはもちろん、屋台をつくったり、お寺を修繕したりといろいろな経験をさせてもらいました。

ただ、当時の建築業界は「ばか野郎」「この野郎」と怒鳴られたり、ぶん殴られたりするのが当たり前の世界。最初の3年間くらいは毎日怒鳴られてばかり。あまりに怒鳴られるので、モノづくりは好きでしたが、「俺は何をやっても向かない。大工なんてムリだ……」と、大工の道をあきらめかけていました。

再び心に火がついた成功体験

ひとり、ものすごく怒鳴る大工さんがいました。今思うと悪い人ではありませんが、当時はとにかく怖かった。現場で一緒になると、怒鳴られまくるので嫌でたまりませんでした。あるとき、その大工さんに「敷居の取り付けをやってみな」と言われました。

敷居の取り付けとは、和室の柱と柱の間にピッタリ木を取り付ける作業。直角に切ったらピッタリ付くかといえば、そうはいきません。木は微妙にねじれているので、柱の角度に合わせて敷居を切らないとピッタリ合いません。このため測り方に特別な技術が必要です。今ならどうということはない作業ですが、素人がいきなりできる作業ではありません。

当時の私からすると難しい仕事でした。

おっかない大工さんに「やってみるか?」と言われても、私はすでにやる気を失っていました。心が折れていたのです。仕事中は、ただ時間が過ぎるのを待っていました。

この作業は、7寸目という目の細かい特別なノコギリを使わなければできません。「やる気があるならそれを買ってこい」と言われました。やる気は全然ありませんでしたが、これを買ってこなければ完全に会社で居場所を失うと思い、なけなしのお金をはたいて嫌々買ってきました。

そして、そのおっかない大工さんにやり方を聞いて、自分でやってみました。「どうせできっこない」とあきらめていましたが、奇跡的に一発ですごくうまくいったのです。

このとき、私の心に再び火がつきました。

私は本来、不真面目。楽しいことしかやりません。それが、敷居がピタッと付いたのがうれしくて、もっと腕を上げたいと思うようになったのです。

自分から積極的に勉強したり、仕事が終わったあとにノミを研いだりするようになりました。社長から「早く帰れ!」と何度言われたでしょうか。それくらい大工の仕事にのめり込んでいきました。

そして、何か仕事をするたびにお客さんから「あの若い子、いい仕事してくれたね」、そう言われると、うれしくてうれしくて飛び上がりたいくらいでした。お客さんの喜びが私のモチベーションになりました。

すると、だんだんと怒鳴られる数が減っていったのです。気づいたら怒られることがなくなり、5年経たないくらいで新築1軒を丸ごと任されるくらいに腕を上げました。

お客さまから数千万円のお金を預かる仕事

はじめて新築の家づくりを1軒任されたのは25歳のときでした。

ごはんを食べるときも、トイレに入るときも、ずっと現場のことしか考えていませんでした。どうやったらうまくできるのか。考えて考えて考えて、起きている間はずっと考え続けて、全力でつくりました。

「ありがとう、いい家になったよ」

20代後半のお客さんでしたが、完成すると笑顔で喜んでくれました。

家を建てるお客さんは数千万円という高いお金を払っています。普通は、お金をいただくほうが「ありがとうございます」と感謝します。それなのに、大金をいただくほうが「ありがとう」と言っていただけるのです。私は、家づくりの仕事に誇りを持てるようになりました。

自分が思い描く家を提供して、喜んでもらい、お金をいただけて普通に生活できれば最高だな、と思いました。

「よし、いつか独立しよう」、そう決意したのです。

私は大工として独立するのではなく、工務店の経営者になろうと考えました。それにはワケがあります。

おっかない大工さんが超絶レベルで腕がよかったのです。尋常ではありませんでした。設計ソフトのCADの緻密な図面を頭の中で描けるような人なのです。とてもではないけれど、こんな頭の人と同じことができるわけがないと痛感させられていました。

自分で言うのもなんですが、私は大工として上位10％には入る腕前だったと思います。

しかし、超絶レベルの0・1％には入れない。それなら、工務店の経営者として絶対に日本一になってやろうと心に誓ったのです。

領収書の書き方もわからないのに独立

10年ほど大工修行して、29歳のときに独立しました。

はじめての元請け仕事は、知人の家の20万円くらいの小さなリフォーム。3日間でする工事をひとりでこなしました。すると、お客さんがすごく喜んでくれて、「またほかのところも頼むね」と声をかけてくれました。その後は、リピートや紹介で数珠つなぎに仕事が舞い込むようになったのです。たとえ小さくても目の前の仕事と全力で向き合っていきました。

3年間くらいは苦労しました。営業もしたことがなければ、見積書や請求書、領収書の書き方もまったくわからなかったからです。私は実際に作業する大工という職人だったので、せいぜい現場の管理を少しやったことがある程度でした。

つまり、できると勘違いして、家づくりの情熱と大工の経験だけで独立してしまったのです。

今思うと、建築会社に必要な膨大な業務のうち、ほんの一部しかできない状態でした。何もわからないので、とりあえずインターネットで「領収書　書き方」などと検索して見よう見まねで業務をこなしました。

私は猛烈に働きました。

昼間は現場に出て、夜は調べものをしたり、見積書や請求書をつくったり。年間4000時間以上働いていました。よくやったと思います。

独立してしばらくして、致命的なミスに気づきました。

最初は、まわりの先輩大工に見積書の書き方や仕事のやり方、工事単価などを教えてもらっていました。

建築会社は、左官業者や水道業者といったさまざまな専門業者に工事を頼みます。ところが私は相場を知りませんでした。ぼったくられるのが怖かったので、先輩大工に「これは適正価格ですか?」と単価を聞いたのです。

ところが、3年くらい経って気づいたのです。聞いている先輩大工たちがそもそも適正価格の相場や正しいやり方を知らないということに。

家づくり全体を請け負うのが工務店ですが、大工は現場で作業する職人であって、会社を経営したり、工事全体を管理したりする人ではありません。

私が大工で一人前になれたのは、一人前の大工にやり方を聞いたからです。

私がこれからどうなりたかったかといえば、一人前の工務店の経営者です。

ところが、大工は工事の本当の相場も、経営のやり方も、集客方法も知りません。そんな人にいくら聞いても一人前になれるわけがありません。私は、大きな勘違いをしていました。

建築会社の経営のプロから学ぶしかないと気づいたのです。

震える手で払った500万円

どうせ習うなら日本一の工務店経営者に習うしかない。

私は、ビルダー経営力ランキングで日本一になったことがある工務店の社長と出会う機会がありました。その社長から教えを乞うには500万円が必要とのこと。それでも、学ぶしかない。

震える手で500万円を払いました。

当時の500万円といったら、私にとって人生を賭けた大金です。その社長から学ぶグループに入ってみると、集客から何からレベルが違いました。

その社長から言われたのが「会社のミッションをつくりなさい」。これは会社経営の基本的なことですが、私はそんなことを考えたことすらありませんでした。「何を提供したくて仕事するのか、ちゃんと定めなさい」と言われたのです。中期事業計画をつくるようにも言われました。当時の私は事業計画なんてつくったことがありません。指導してもらいながら練り上げました。

一流の人から学んだのは大正解でした。500万円の授業料なんて1年くらいでアッという間に回収できました。


「100年持つ家をつくる」

私の会社は、そう宣言しています。

これを実現するには、100年以上持つ健全な会社になって、アフターサービスをやり続けなければいけません。

つぶれるわけにはいきません。

絶対につぶれない会社をつくって、サービスを提供し続けていこうと思っています。どうすればそれが実現できるのか。

「1年くらい売り上げゼロでもつぶれない会社をつくらないと、安全な経営ができない。そのためには、ムダをなくして、ただ売り上げを伸ばすだけでなくて、利益を残せる会社にしなさい」とアドバイスを受けました。

利益を残すことによって、いい家づくりの研究ができます。建てたあとのアフターサービスも充実させられます。

利益を残して、会社を永続させることによって、お客さんに安心して満足していただくことができます。

こうしたことこそ、まさに自分がやりたいことでした。それでとことん勉強して実践しています。

とはいえ、いい家づくりと利益を両立させるのは簡単ではありません。

壁の中は、お客さんには見えません。

家づくりは、手を抜こうと思えば、いくらでも抜けるのです。手を抜けば、利益を出すのは簡単。一方で、手を抜かずにいい家をつくろうとすればするほど利益が減ります。

いい家づくりで利益を残そうと、四苦八苦し続けています。

それでも、長期的に考えれば、3・0の家を建てたほうがお客さんは幸せになり、私たちの地域の評判が上がり、結果的には利益につながると信じています。

日本の限界を家づくりで突破

「土地は先祖からの授かりものではなく、子どもたちからの預かりもの」

これは、ネイティブ・アメリカンの格言。はじめてこの言葉を聞いたとき、私の心に刺さりました。

土地は、先祖からの授かりものだと認識している人が多いでしょう。おじいちゃん・おばあちゃんからお父さん・お母さんへ、そして子どもへと所有権が移っていきます。土地を持っている人は「俺の土地だ」と思っていることでしょう。

これが逆の発想になって「土地は未来の子どもたちから預かっているもの」という認識になったら、見方が180度変わります。

そうした視点に立つと、家づくりが自分たちの世代だけがよければいいものではなくなります。自分たちのあとの世代のことも考えた家づくりになるのです。

世界で例のない超少子高齢化社会に突入した日本は、さまざまな課題を抱えています。たとえば老後資金2000万円問題。

ライフプランや家づくりをひとりひとりが真剣に考えれば、解決するのはそれほど難しくありません。

3・0の家を建てれば、太陽光発電の収入や光熱費の削減によって1000万円くらい貯まります。メンテナンス費でも1000万円くらいコストカットできます。

医療費だって削減できます。

3・0の家に住めば、老後資金2000万円が自動的に貯まるのです。

老後2000万円問題なんて恐れるに足らず。次の世代にツケをまわさずにすむのです。

3・0の家が、日本の社会問題の解決にもつながるのです。

私たちはこれまでエネルギーを浪費し、大量のゴミを排出し、大気を汚し、環境を破壊してきました。

空き家問題も深刻です。これからさらにローコスト住宅が大量に廃棄されるでしょう。

少なくとも、戦後のベビーブームのような大量に住宅が必要とされる段階はとっくに終わっています。

もはや量産住宅をつくる理由がありません。

建てるなら、100年長持ちする3・0の家にすべきです。

100年経っても大丈夫な家を建てれば、環境負荷が減り、子どもたちの未来が明るいものになっていくのではないでしょうか。


住宅業界だけではありません。

最近はSDGsの推進を唱える経営者が多いですが、食品も、家具も、あらゆる業界が「自分の子どもに与えたいか」「子どもたちに残したいか」を考えるようになれば、世の中は大きく変わるはずです。


家は人生最大の買い物。

あなたはなぜ、大きなお金を払って家を建てるのですか？

家族の幸せのため、子どもの未来のために建てるはずです。

私たち家づくりに携わる者は、数千万円もの大金を預かって、「生涯価値」のあるものをつくらなければなりません。

それがビルダーの使命です。

そこに住む人たちは、家族のストーリーを紡いでいきます。

泣いたり、笑ったり、人生の舞台になるのが「家」なのです。

その舞台で幸せな人生を歩んでほしいのです。

つまり、私がつくっているのは「人が幸せになる舞台」。

人が幸せになる3・0の家が10軒、100軒、1000軒と増えていけば、世の中は着実に変わっていきます。

家づくりを通して個人の人生を豊かにしていくことが、ひいては日本を豊かにしていくことにつながると思います。


家づくりが変われば日本が変わる。

私は、そう信じています。

あとがき

自分の子どもたちの家を建てるつもりで

私には8歳、6歳、4歳の3人の子どもがいます。

私は、お客さんの家をつくっているとき、いつも自分の子どもたちのことを思い浮かべて、自分に問いかけます。

「自分の子どもたちにつくってあげたい家になっているか？」

「自分の子どもたちに残したい家か？」

「自分の子どもたちに自慢できる家か？」

私は、自分の子どもを住まわせたくない家を絶対につくりません。

家づくりは、手を抜こうと思えばいくらでもできます。

しかし、手抜き工事の家に自分の娘や息子を住まわせたいと、誰が思うでしょうか。

1軒1軒、自分の子どもたちに建てるつもりで、心を込めて建てさせてもらっています。

私は経営者ですから、もちろん利益も大事。利益を出して、社員たちに給料を払わなければなりません。

しかし、私の会社の役員や社員たちの多くも、うちで3・0の家を建てています。3・0の家に住んで、そのよさも改善点も実体験を通してわかっています。

だからこそ、私の会社のメンバーもみな、自分の家以上のクオリティの家をお客さんに提供したいと考えています。

どうせ利益を上げるなら、お客さんに喜んでいただきたい。

自分の子どもにつくるような家をつくって、お客さんの幸せに少しでもお役に立ちたい。

子どもたちに「たくさん家を建てて、大もうけしてよかったね、パパ」と言われたくて仕事しているわけではありません。

「パパ、なかなかいい仕事するじゃん!」

いつの日か、3人の子どもたちに、そう言ってもらえる日を夢見て。

2021年4月　平松明展

著者略歴

平松 明展（ひらまつ あきのぶ）

平松建築（株）代表取締役社長。「お金が貯まる家づくり」をテーマに、手がけた住宅は１００軒以上。１９８０年、静岡県磐田市生まれ。高校卒業後、浜松技術開発専門校（現：浜松テクノカレッジ）建築科で家づくりを学ぶ。卒業後は、工務店に就職し、大工の修行を積み、29歳で独立。大工時代に100棟以上の住宅を解体修繕した経験から、「家づくりは人生づくり」を実感。全ての住宅コストを最小化するシステムを構築し、施主のライフプランに沿った家づくりを提案している。建築大工一級技能士、二級建築士、省エネマイスター、エコハウスマイスター、電磁波測定士一級、ライフプラン診断士。

動画コンテンツ配信中
平松建築メルマガ登録は
こちら→

お金が貯まる家3.0
～住むだけで2000万円貯まる『住む得ハウス』～

2021年5月20日〔初版第1刷発行〕

著　　者　平松明展
発 行 所　株式会社カナリアコミュニケーションズ
〒141-0031 東京都品川区西五反田1-17-11
第二東栄ビル701
TEL　03-5436-9701　FAX　03-4332-2342
http://www.canaria-book.com/
印 刷 所　株式会社クリード

企画／吉田 浩（天才工場）
取材・文／山口 慎治
校正／小島 尚子
編集協力／長谷川 華
装丁・DTP制作／津久井直美

ISBN978-4-7782-0475-4　C0052